Arbeitskreis Wirtschaftsinformatik an Hochschulen für Angewandte Wissenschaften im deutschsprachigen Raum (AKWI)

Angewandte Forschung in der Wirtschaftsinformatik 2021

Tagungsband zur 34. AKWI-Jahrestagung
vom 13.09.2021 bis 14.09.2021
ausgerichtet von der Hochschule Karlsruhe – Wirtschaft und Technik

herausgegeben von
Franz Nees, Ingo Stengel, Vera G. Meister, Thomas Barton,
Frank Herrmann, Christian Müller, Martin R. Wolf

unterstützt durch
Hochschule Karlsruhe

mana-Buch, Heide

Bibliografische Information der Deutschen Nationalbibliothek:
Die Deutsche Nationalbibliothek verzeichnet diese Publikation in der Deutschen Nationalbibliografie, detaillierte bibliografische Daten sind im Internet über www.dnb.de abrufbar.

Angewandte Forschung in der Wirtschaftsinformatik 2021
Tagungsband zur 34. Jahrestagung des Arbeitskreises Wirtschaftsinformatik an Hochschulen für Angewandte Wissenschaften im deutschsprachigen Raum (AKWI) vom 13.09. bis 14.09.2021, ausgerichtet von der Hochschule Karlsruhe – Wirtschaft und Technik.

Herausgeber:
Franz Nees, Hochschule Karlsruhe – Technik und Wirtschaft, franz.nees@hs-karlsruhe.de
Ingo Stengel, Hochschule Karlsruhe – Technik und Wirtschaft, ingo.stengel@hs-karlsruhe.de
Vera G. Meister, Technische Hochschule Brandenburg, vera.meister@th-brandenburg.de
Thomas Barton, Hochschule Worms, barton@hs-worms.de
Frank Herrmann, Ostbayerische Technische Hochschule Regensburg, frank.herrmann@oth-regensburg.de
Christian Müller, Technische Hochschule Wildau, christian.mueller@th-wildau.de
Martin R. Wolf, Hochschule für Angewandte Wissenschaften Aachen, m.wolf@fh-aachen.de

Mitglieder des Programmkomitees:

Wolfgang Alm (HS Aschaffenburg)
Gunnar Auth (HS Meißen)
Thomas Barton (HS Worms)
Frank Bensberg (HS Osnabrück)
Stefan Bente (TH Köln)
Christian Czarnecki (HS Hamm-Lippstadt)
Christian Drumm (FH Aachen)
Ingo Elsen (FH Aachen)
Heinrich Faßbender (FH Aachen)
Andreas Heberle (HS Karlsruhe)
Frank Herrmann (OTH Regensburg)
Reimar Hofmann (HS Karlsruhe)
Stephan Jacobs (FH Aachen)
Jürgen Karla (HS Niederrhein)
Norbert Ketterer (HS Fulda)
Ute Klotz (HS Luzern Wirtschaft)
Birte Malzahn (HTW Berlin)
Vera Meister (TH Brandenburg)
Frank Morelli (HS Pforzheim)
Christian Müller (TH Wildau)
Franz Nees (HS Karlsruhe)
Rainer Neumann (HS Karlsruhe)
Jörg Puchan (HS München)
Stefanie Regier (HS Karlsruhe)
Thomas Ritz (FH Aachen)
Andreas P. Schmidt (HS Karlsruhe)
Klaus-Peter Schoeneberg (BHT Berlin)
Thomas Specht (HS Mannheim)
Ingo Stengel (HS Karlsruhe)
Jan Stöß (HS Karlsruhe)
Matthias Vieth (FH Aachen)
Martin Wolf (FH Aachen)
Alfred Zimmermann (HS Reutlingen)

Redaktionsschluss: 17.08.2021
Erscheinungstermin: 13.09.2021

Hochschule Karlsruhe
University of
Applied Sciences   **HKA**

Die Herstellung dieses Tagungsbandes erfolgte mit freundlicher Unterstützung durch:
Hochschule Karlsruhe

Verlag: mana-Buch, Feldblick 24, 25746 Heide, Germany, www.mana-Buch.de
Druck: Amazon Fulfillment
ISBN: 978-3-944330-68-6

Inhaltsverzeichnis

Geleitwort der Sprecherin des Arbeitskreises Wirtschaftsinformatik an Hochschulen für Angewandte Wissenschaften im deutschsprachigen Raum 4

Vorwort der Herausgeber 6

Wissenschaftliche Beiträge

Einführung einer auf Metriken basierenden Continuous-Integration- und Delivery-Pipeline am Beispiel der SAP SE 8
Matthias Wiench, Frank Morelli, Peter Weiß, Sebastian Lang

Ermittlung von Erfolgskriterien der künstlichen Intelligenz in Finanzdienstleistungsunternehmen 19
Steffen Spliethoff, Jörg Puchan, Martin Zsohar

Alles hat (s)einen Preis – Eine empirische Studie zur Preisdifferenzierung im Onlinehandel 32
Birte Malzahn, Verena Majuntke, Robin Streckies

Wissenschaftliche Literaturauswertung mit Hilfe von Text Mining am Beispiel von Empfehlungssystemen 44
Andreas Peuker, Thomas Barton

Prototypen und praktische Anwendungen

Anforderungen an hochintegrierte Managementsysteme 56
Carlo Simon, Stefan Haag, Lara Zakfeld

Analyse von Data-Warehouse-Daten mit WebVR am Beispiel von GBI 66
Michael Höding

Semi-automatische Abfrage und Verknüpfung offener bibliografischer Daten als ergänzendes Feature eines Digitalen Modulkatalogs 74
Vera G. Meister, Wenxin Hu, Philipp Bolte, Jens Kitzmann

Axelrod-Turnier in der Wirtschaftsinformatik-Lehre 80
Michael Höding

Study for Fun – Spielend durchs Studium 91
Kevin Anderer, Adrian Bossert, Sebastian Fieser, Felix Goos, Andreas Heberle, Rainer Neumann, Athanasia Skaroglu-Chasioti, Jan Stoess, André Weis

Autoren 99

Geleitwort der Sprecherin des Arbeitskreises Wirtschaftsinformatik an Hochschulen für Angewandte Wissenschaften im deutschsprachigen Raum

Liebe Teilnehmerin, lieber Teilnehmer,

ein weiteres besonderes Jahr liegt hinter uns. Auch diese Konferenz können wir nicht in Präsenz durchführen und wir treffen uns im virtuellen Raum. Für uns als Hochschullehrende brachte diese „neue Normalität" viele weitere Herausforderungen, aber auch Chancen. Noch nie wurde mir von so vielen bewilligten Forschungsprojekten berichtet. Umso mehr freue ich mich, dass wir dennoch ein spannendes, – wenn auch im Vergleich zu den Vorjahren – gekürztes Tagungsprogramm anbieten können. Alle Beiträge – sowohl die wissenschaftlichen als auch die zur Entwicklung von Prototypen – fokussieren auf fachlich oder methodisch relevante Innovationen mit direktem Bezug zur Wirtschaftsinformatik. Die Bandbreite reicht von Anwendungen der Künstlichen Intelligenz in Wirtschaft und Wissenschaft, agilen Prozessen der Softwareentwicklung und -bereitstellung bis zu didaktischen Innovationen, nicht zuletzt für die digitale Lehre.

Ausrichterin der Konferenz ist auch in diesem Jahr die Hochschule Karlsruhe. Unser Dank gebührt den Professoren Franz Nees und Ingo Stengel, die mit ihrem Umsetzungswillen und mit großer Flexibilität maßgeblich zum Erfolg dieser Konferenz beigetragen haben. Die Konferenz wird gerahmt von einem Keynote-Vortrag aus der angewandten Forschung in einem großen Technologiekonzern zu Beginn sowie einem Industrietrack unter dem Titel „Datengetriebene Anwendungen" zum Ausklang. Den Schlusspunkt bildet ein Runder Tisch, der das Studium der Wirtschaftsinformatik im Wandel und insbesondere die aktuellen Anforderungen der Industrie beleuchten soll. All das spricht für den konsequenten Praxisbezug in Lehre und Forschung, den die Mitglieder des AKWI engagiert umsetzen und weiterentwickeln.

Auch im vergangenen Jahr ist es dem AKWI gelungen, alle bereits eingeführten Aktivitäten in guter Qualität fortzuführen. Wir engagieren uns in der Weiterentwicklung des Systems der Qualitätssicherung in Studium und Lehre. Viele Kolleg*innen arbeiten als Gutachter*innen in der Akkreditierung von Wirtschaftsinformatik-Studiengängen im In- und Ausland. Darüber hinaus nehmen wir Einfluss auf Prozesse und Richtlinien in diesem Handlungsfeld, wie z. B. aktuell die Neufassung der Kriterien für die Akkreditierung von Studiengängen für das Fachsiegel der ASIIN e. V.

Ein wichtiges Handlungsfeld des AKWI ist traditionell die fachbezogene Publikationstätigkeit. So wurde ein weiterer Band der Buchreihe „Angewandte Wirtschaftsinformatik" mit dem Titel „Künstliche Intelligenz in der Anwendung" beim Springer Verlag veröffentlicht. Ein sechster Band ist in Vorbereitung. Herausgeber der Buchreihe sind die Professoren Thomas Barton und Christian Müller. Das 2013 gegründete E-Journal des AKWI hat zwei weitere Ausgaben vorgelegt. Hervorheben möchte ich die beeindruckende Entwicklung der Rubrik Abschlussarbeiten. Für diese engagierte Arbeit danken wir den herausgebenden Professoren: Christian Müller, Konrad Marfurt, Norbert Ketterer und Frank Herrmann. Viele Kolleg*innen engagieren sich als Autor*innen in beiden Publikationsorganen.

Als Fachgruppe der Gesellschaft für Informatik e. V. (GI) hat der AKWI im abgelaufenen Jahr auch neue Wege beschritten. So vertraten wir die Teildisziplin Wirtschaftsinformatik im NFDI-Antrag „Nationale Forschungsdateninfrastruktur für und mit Informatik" (NFDIxCS). In Kooperation mit der privaten Wilhelm-Büchner-Hochschule Darmstadt wird der AKWI einen Tagungsband in der GI-eigenen Publikationsreihe Lecture Notes in Informatics (LNI) herausgeben. Hier werden die Beiträge des Wissenschaftsforums „Digitale Transformation – Chancen, Herausforderungen und innovative Ansätze" publiziert, welche den LNI-spezifischen Reviewprozess durchlaufen haben. Das Wissenschaftsforum ist eine jährliche Veranstaltung der Wilhelm-Büchner-Hochschule, die jedoch wechselnde Themen aufgreift. Von Seiten des AKWI gehören die Professor*innen Birte Malzahn, Doris Wessels, Martin Wolf und Vera Meister dem Herausgeberkreis an.

Auch ohne Einnahmen aus Tagungsgebühren im laufenden Jahr konnte der AKWI Mittel bereitstellen, um den Tagungsband neben dem offenen Onlinezugang wie gewohnt in gedruckter Form herauszugeben. Er wird im Anschluss an die Tagung allen Teilnehmenden und den Mitgliedshochschulen zugesandt. Ich freue mich auf eine interessante Tagung und einen spannenden kollegialen Austausch.

Prof. Dr. Vera G. Meister, Sprecherin des AKWI

Vorwort der Herausgeber

Liebe Leserinnen und Leser,

sie halten den Tagungsband zur 34. Jahrestagung des „Arbeitskreises Wirtschaftsinformatik an Hochschulen für Angewandte Wissenschaften im deutschsprachigen Raum" (AKWI) der Gesellschaft für Informatik e.V. in Ihren Händen.
Die Veranstaltung des AKWI war für den 13. September 2021 an der Hochschule Karlsruhe geplant. Die Veranstaltung zum 34. Jahrestag findet diesmal wieder online statt.
Die Themen der Beiträge spiegeln die aktuellen Entwicklungen in der Forschung und in der Industrie zum aktuellen Zeitpunkt wider. Dabei liegen datengetriebene Anwendungen in der Wirtschaftsinformatik im Fokus der Zeit. Unterschiedliche Aspekte kommen hier zum Tragen, z. B. Preisdifferenzierungen im Onlinehandel, wissenschaftliche Literaturauswertungen, usw. Für die Bearbeitung der Daten sind Erfolgskriterien der Künstlichen Intelligenz notwendig. Hier werden diese im Kontext von Finanzdienstleistungsunternehmen diskutiert.
Traditionell spielen zu guter Letzt Prototypen und Modelle eine wichtige Rolle und weisen auf die Praxisrelevanz der Beiträge im Bereich der Wirtschaftsinformatik hin.
Wir bedanken uns bei den Autorinnen und Autoren für die Einreichungen in diesen herausfordernden Zeiten. Die Erstellung des Bandes wurde durch die gute Kooperation, das pünktliche Abliefern der Beiträge sowie das Beachten der Hinweise der Gutachter und des Organisationskomitees vereinfacht.
Das Organisationskomitee bedankt sich bei den Gutachterinnen und Gutachtern für die konstruktiven Anmerkungen und für das zügige Erstellen der Gutachten, sowie bei Frau Nasutta für das Lektorat und die Erstellung des Tagungsbandes.

Karlsruhe, im August 2021

Prof. Franz Nees (HS Karlsruhe)
Prof. Dr. Ingo Stengel (HS Karlsruhe)
Prof. Dr. Vera G. Meister (TH Brandenburg)
Prof. Dr. Thomas Barton (HS Worms)
Prof. Dr. Frank Herrmann (OTH Regensburg)
Prof. Dr. Christian Müller (TH Wildau)
Prof. Dr. Martin Wolf (FH Aachen)

Wissenschaftliche Beiträge

Einführung einer auf Metriken basierenden Continuous-Integration- und Delivery-Pipeline am Beispiel der SAP SE

Matthias Wiench, Frank Morelli, Peter Weiß, Sebastian Lang

Zusammenfassung

DevOps hat zum Ziel, Software schneller zu veröffentlichen, ohne die Qualität negativ zu beeinflussen. Zentraler Aspekt hierfür ist die Automatisierung des Entwicklungsprozesses durch den Einsatz von Continuous Integration und Delivery. Die Einführung dieser Praktiken ist mit einem erheblichen Aufwand verbunden. Daher bedarf es einer kritischen Untersuchung des Mehrwerts anhand von Metriken. Jedoch findet die Einführung von Metriken im Kontext von DevOps nur eine geringe Beachtung durch die Literatur. Hier setzt die vorliegende Arbeit an. Basierend auf etablierten Methoden wird am Beispiel der SAP SE eine auf Metriken basierende CI/CD-Pipeline eingeführt.

1 Einleitung

Softwareunternehmen müssen innerhalb kürzester Zeit qualitativ hochwertige Applikationen entwickeln und dabei flexibel auf Kundenanforderungen reagieren [MaGu20]. In ihrer Studie konnte Forsgren den positiven Einfluss von DevOps-Praktiken auf die Performance von IT-Organisationen aufzeigen [Fors15]. Jedoch geht die Einführung von DevOps mit einem erheblichen Aufwand für Unternehmen einher, da traditionelle Organisationsstrukturen sowie Arbeitsweisen aufgebrochen werden [DLDG21]. Daher bedarf es einer kritischen Untersuchung des Mehrwertes von DevOps anhand von Metriken [FoHK18]. Obwohl der positive Nutzen von Monitoring im Kontext von DevOps bekannt ist, erfährt die konkrete Einführung von Metriken nur eine geringe Beachtung seitens der Literatur [Hu++18]. Jedoch existieren für die Einführung von Softwaremetriken eine Vielzahl an Methoden sowie Vorgehensweisen [BuDY15, TaGR16]. Die vorliegende Arbeit untersucht daher, inwieweit sich diese Methoden für Einführung von Softwaremetriken für das Monitoring einer CI/CD-Pipeline eignen. Die identifizierten Methoden werden anschließend für die Implementierung einer Pipeline für den Digital IES Showroom des SAP-Experience-Technology-Teams angewendet.

2 Einsatz von Softwaremetriken im Kontext von CI/CD

Für den Einsatz von Softwaremetriken im Kontext von Continuous Integration, Delivery sowie Deployment erfolgt im ersten Schritt eine Eingrenzung der Praktiken. Anschließend werden relevante Metriken aufgezeigt sowie relevante Methoden für deren Einführung vorgestellt und bewertet.

2.1 Abgrenzung von Continuous Integration, Delivery und Deployment

Die Praktiken Continuous Integration, Delivery und Deployment haben zum Ziel, die teils manuellen Arbeitsschritte beim Testen und Deployment von Software zu automatisieren [Ross15]. Das Ziel von Continuous Integration (CI) ist es, den Programmcode möglichst häufig in ein gemeinsames Repository zu integrieren [Beck99]. Dafür werden im ersten Schritt ein lokaler Build sowie manuelle Tests durchgeführt, die Änderungen in ein gemeinsames Versionskontrollsystem gemergt und in diesem Zuge automatische Tests durchgeführt [Fowl06]. Continuous Delivery bzw. Deployment basiert auf CI und hat zum Ziel, eine Applikation zu jeder Zeit in einem Produktivsystem veröffentlichen zu können [ShBZ17]. Im Falle von Continuous Delivery (CDE) findet die Veröffentlichung manuell statt, bei Continuous Deployment (CD) ist der Schritt automatisiert [Fowl13a]. Daher bezeichnen Skelton und O´Dell CDE auch als pull-based- und CD als push-based-Ansatz. Aus diesem Grund eignet sich CD für kleineren Webapplikation und CDE für komplexere Anwendungen [SkDe16]. Bei der ausgewählten Anwendung des SAP-Experience-Technology-Teams handelt es sich um eine Webapplikation, daher konzentriert sich die Arbeit auf CD. Ein zentraler Aspekt hierbei ist die Deployment-Pipeline [Fowl13b]. Hiermit erfolgt die Automatisierung der Schritte von der Integration des Programmcodes bis hin zur Veröffentlichung im Produktivsystem. Gleichzeitig können dadurch relevante Daten für den Einsatz von Softwaremetriken für das Monitoring der Pipeline erhoben werden [HuFa11].

2.2 Softwaremetriken

Eine Softwaremetrik ist eine Formel oder Methode, die technische sowie wirtschaftliche Eigenschaften von Produkten, Prozessen sowie Technologien in der Softwareentwicklung erhebt. Dabei können sowohl quantitative Eigenschaften in der Form von Zahlen als auch qualitative Eigenschaften durch definierte Skalen ausgedrückt werden. Für die Definition einer Metrik sind Messobjekte, Messeinheiten sowie Verantwortliche zu spezifizieren [Reza04].

Im Kontext von DevOps empfehlen Forsgren und Kersten die Erhebung von quantitativen Metriken aus Systemen sowie qualitativen Metriken basierend auf Umfragen [FoKe17]. Jedoch seien nach Rezagholi quantitative Metriken zu bevorzugen, da dadurch eine objektive Bewertung des Erfolgs von Prozessverbesserungen möglich wäre [Reza04]. In diesem Zusammenhang sind die Metriken von Lehtonen et al. besonders relevant. Die Autoren betrachten systembasierte Metriken und unterscheiden zwischen Metriken auf der Ebene der Implementierung sowie der Pipeline. Implementierungs-Metriken bewerten die Performance der Deployment-Pipeline, Pipeline-Metriken den Mehrwert für den Kunden [LSKM15]. Nachfolgend übernimmt die Arbeit die Kategorisierung nach Lehtonen et al. und ergänzt diese um weitere Metriken nach Rezagholi sowie Forsgren et al. [FSHF19] [Reza04].

Metriken auf der Ebene der Implementierung

Development-Time (DEVT)
Die DEVT betrachtet die Durchlaufzeit des Entwicklungsprozesses [Reza04]. Jedoch weisen die Design- sowie Entwicklungstätigkeiten des Prozesses eine hohe Variabilität auf [Ki++16]. Daher empfehlen Forsgren et al., sich auf die Schritte Code bis Deployment zu konzentrieren [FoHK18]. Somit wird die DEVT anhand der zeitlichen Differenz zwischen der Erstellung einer neuen Feature-Branch und deren Integration in die Master-Branch bestimmt [LSKM15]. Das Messobjekt ist ein Feature. Die Messeinheit richtet sich nach dem Aufwand des jeweiligen Features und könnte in Mitarbeiterstunden oder -tage angegeben werden [Reza04].

Deployment-Time (DT)
Die Deployment-Time (DT) bestimmt die Dauer eines Deployments, nach der Integration des Programmcodes. Neben den Tools beeinflussen Entscheidungsprozesse das Deployment [LSKM15]. Das Messobjekt hierfür ist die Deployment-Pipeline. Die Erhebung der Durchlaufzeit kann in Zeiteinheiten wie Sekunden oder Minuten erfolgen.

Activation-Time (AT)
Die Activation-Time (AT) betrachtet die benötigte Zeit für die Aktivierung eines neuen Kundenfeatures. Hierfür ist der Zeitpunkt für die erstmalige Nutzung eines Features relevant. Über ein Production-Log lässt sich die Nutzung einzelner Funktionen erfassen. Bei einem Design-Update muss das Entwicklungsteam selbst den Zeitpunkt definieren [LSKM15]. Demnach ist das Messobjekt ein spezifisches Feature. Um die Nutzung des Features zu quantifizieren, bieten sich Zeiteinheiten oder auch die absolute Anzahl an Zugriffen an.

Oldest-Done-Feature (ODF)
Diese Metrik betrachtet die Zeitspanne zwischen der Fertigstellung und Veröffentlichung eines Features. Hierfür erfolgt eine Berücksichtigung aller abgeschlossenen Feature-Branches, die nicht in die Master-Branch integriert wurden. Anhand der ODF Metrik lassen sich Engpässe in der Deployment-Pipeline identifizieren [LSKM15]. Als Messobjekt eignet sich auch hier das Feature sowie als Messeinheit entsprechende Zeiteinheiten.

Metriken auf der Ebene der Pipeline

Features per Month (FPM)
Diese Metrik betrachtet die Anzahl fertiggestellter Features pro Monat. Die Entwicklung eines Features ist abgeschlossen, sobald es alle Schritte der Deployment-Pipeline durchlaufen hat. Demnach eignen sich als Messobjekt die Features und als Messeinheit die Anzahl an veröffentlichen Features [LSKM15].

Release per Month (RPM)
Eine Release besteht meist aus verschiedenen Features. Die Veränderung der RPM kann ein Indikator dafür sein, dass sich der Release-Cycle eines Projektes verändert hat [LSKM15]. Zudem lässt sich eine Aussage zur Batch-Size treffen [FoHu15]. Die Batch-Size beschreibt den Umfang eines Releases: Je häufiger ein Release durchgeführt wird, desto kleiner gestaltet sich die Batch-Size je Release [FoHK18]. Dadurch sinkt das Risiko, Fehler zu implementieren, sowie die Kosten pro Release [Reine09].

Fastest Possible Feature Lead Time (FPFL)
Bei der FPFL wird die Dauer der Build- und Testphase bei der Veröffentlichung eines neuen Features erhoben. Das Messobjekt repräsentieren die Build- sowie Test-Aktivitäten innerhalb der Deployment-Pipeline. Als Messeinheit bieten sich Sekunden oder Minuten an [LSKM15].

Failure Detection Rate (FDR)
Hierbei wird die absolute Anzahl an Fehler je Deployment erfasst. Daraus sind Rückschlüsse auf die Prozessqualität möglich. Das Messobjekt ist auch hier ein Feature. Als Messeinheiten werden die Anzahl der gefundenen Fehler sowie die Programmzeilen des jeweiligen Features verwendet. Dadurch ist eine Aussage zur Fehleranzahl je Programmzeile möglich [Reza04].

Time to Restore (TR)
Die Stabilität einer Applikation ist entscheidend für den Endkunden. Daher erfasst die TR die Dauer für eine Wiederherstellung der Applikation bei einem Ausfall [FoHK18]. Der Messgegenstand für die Bestimmung der Time to Restore ist demnach die Deployment-Pipeline. Für die Messung bieten sich die Zeiteinheiten Minuten oder Stunden an.

2.3 Methoden für die Einführung von Metriken

Für die Einführung von Softwaremetriken bieten sich verschiedene Methoden an [BuDY15, TaGR16]. Nachfolgend erfolgt eine Bewertung etablierter Methoden für die Auswahl und Einführung von Metriken sowie die Durchführung von Prozessoptimierungen. Die Evaluierung erfolgt anhand der Erfolgsfaktoren für die Einführung von Softwaremetriken nach Möller und Paulish, da die Autoren sowohl die Bedeutung der Standardisierung des Entwicklungsprozess sowie die zielorientierte Auswahl von Metriken betonen [MöPa93].

Goal-Question-Metric-Methode (GQM)

Die Goal-Question-Metric-Methode (GQM) ist eine etablierte Methode für die Auswahl und Einführung von Softwaremetriken. In ihrem Literatur-Review konnten Tahir, Rasool und Gencel aufzeigen, dass 83% der untersuchten Methoden eine Weiterentwicklung der GQM-Methode darstellen [TaGR16]. Bei der GQM-Methode werden zuerst Ziele auf der Ebene der Organisation sowie Projekte definiert und anschließend Daten für eine Überprüfung der Zielerreichung spezifiziert. Abschließend bedarf es eines Frameworks, um die erhobenen Daten zu interpretieren sowie den Fortschritt bei der Umsetzung der Verbesserungsziele zu überwachen. Die GQM-Methode setzt sich dabei aus drei Ebenen zusammen [BaCD94]:

1. Conceptual Level (Goal): Nach Basili et al. wird ein Messziel anhand eines Messobjekts, des Zwecks und der Problemstellung der Messung sowie einer Perspektive definiert. Mögliche Messobjekte teilen die Autoren in die Kategorien Produkte, Prozesse sowie Ressourcen ein.
2. Operational Level (Question): Nach erfolgter Zielbestimmung werden spezifische Fragen aufgestellt. Anhand der Fragen wird das Messobjekt konkretisiert sowie der aktuelle IST-Zustand im Hinblick auf die Problemstellung definiert.
3. Quantitative Level (Metric): Anschließend erfolgt eine Zuordnung der Fragen zu den Metriken. Je nach Fragestellung bieten sich objektive oder subjektive Metriken an. Objektive Metriken beziehen sich nur auf das Messobjekt, beispielsweise auf die Anzahl an Versionen einer Dokumentation. Dagegen sind subjektive Metriken aus der Perspektive einer bestimmten Zielgruppe wie den Kunden heraus zu definieren.

E4-Measurement-Process

Der E4-Measurement-Process (E4) basiert auf der GQM-Methode. Er fokussiert sich jedoch auf die Einführung eines kontinuierlichen Verbesserungszyklus für die Optimierung von Produkten, Projekten sowie Prozessen. Dafür betrachten Ebert und Dumke die Evaluierung und die Umsetzung von Entscheidungen [EbDu07]:

1. Establish: Zuerst erfolgt eine Bestimmung der Objekte, des Rahmens sowie der notwendigen Aktivitäten für die Messung. Für die Definition der Ziele sind die ausgewählten Projekte bezüglich des Mehrwerts für Kunden sowie der Einhaltung von Qualitäts- sowie Zeitzielen zu analysieren. Darauf aufbauend lassen sich Verbesserungsmöglichkeiten ableiten.
2. Extract: Anschließend erfolgt die Auswahl relevanter Informationen. Die Metriken sollten die Anforderungen der Stakeholder berücksichtigen und abteilungsübergreifend einsetzbar sein. Abschließend erfolgen die Integration, Konsolidierung sowie Visualisierung in einem Dashboard.
3. Evaluate: Für eine Überprüfung der wahrscheinlichen Kosten, zukünftigen Erlöse sowie der Marktreife empfiehlt es sich, Projekte wöchentlich und Produkte monatlich zu be-

werten. So sei eine Anpassung der Zielsetzung im Hinblick auf sich verändernde Marktanforderungen möglich.
4. Execute: Anhand der Bewertung lassen sich eine Abweichung vom geplanten Vorgehen erkennen und Gegenmaßnahmen einleiten. Hierfür sind Regeln zu definieren, beispielsweise Budgetgrenzen für den Abbruch eines Projektes.

Management of Software Processes and Technologies based on Metrics (MPTM)

Ziel der „Management of Software Processes and Technologies based on Metrics"-(MPTM)-Methode ist die Erhebung, Bewertung sowie Verbesserung der Kernprozesse in der Softwareentwicklung. Die Bewertung der Kernprozesse erfolgt in vier Phasen [Reza04].
1. Voranalyse: Im Rahmen der Voranalyse werden die Projekte sowie die Verbesserungsziele für die Prozessoptimierung dargelegt sowie relevante Kernprozesse ausgewählt.
2. Statusbestimmung: Anhand qualitativer sowie quantitativer Methoden wird ein Stärken/Schwächen-Profil des IST-Prozesses erstellt. Hierfür eignen sich Entwicklungsdokumente, Prozessdaten oder Experteninterviews.
3. Auswertung: Basierend auf dem Profil erfolgt die Ermittlung von Verbesserungsmaßnahmen sowie -treiber. Bei der Überwachung des Fortschritts der Metriken gilt es, diejenige mit dem höchsten Informationsgehalt auszuwählen. Der Schritt endet mit der Dokumentation der Ergebnisse.

Bewertung der vorgestellten Methoden

Die vorgestellten Methoden sollen die Einführung von Softwaremetriken unterstützen. In Tab. 1 erfolgt eine Gegenüberstellung der Modelle und Erfolgsfaktoren nach Möller und Paulish:

	Erfolgsfaktoren Einführung von Softwaremetriken [MöPa93]:	GQM	E4	MPTM
1	Analyse des Entwicklungsprozesses			X
2	Zielorientierung	X	X	X
3	Verantwortliche benennen			X
4	Vorarbeiten durchführen			(X)
5	Metriken definieren	X	X	(X)

Tab. 1: Bewertung der GQM, E4 sowie MPTM Methode (X = voll erfüllt, (X) = teilweise erfüllt)

Sowohl die GQM-Methode als auch der E4-Ansatz konzentrieren sich auf die Auswahl sowie Einführung von Metriken, jedoch berücksichtigen sie nicht die notwendige Erhebung des aktuellen IST-Prozesses [MöPa93]. Hierfür eignet sich das MPTM-Modell. Neben der Evaluierung des IST-Entwicklungsprozesses sieht es ebenfalls die Definition von Verbesserungszielen und -maßnahmen sowie die Einführung von Metriken vor. Zwar nennt Rezagholi entsprechende Metriken, zeigt jedoch kein Vorgehensmodell für die Auswahl und Implementierung auf. Daher kombiniert die Arbeit die MPTM- sowie GQM-Methode und wendet diese für die Einführung von Softwaremetriken im Rahmen der CI/CD-Pipeline des SAP-Experience-Technology-Teams an.

3 Einführung einer auf Metriken basierenden CI/CD-Pipeline am Beispiel der SAP SE

3.1 Anwendung der MPTM- und GQM-Methode

Das SAP-Experience-Technology-Team zeichnet verantwortlich für den Digital IES Showroom. Der Showroom basiert auf dem Angular Framework und wird in Cloud Foundry gehostet. Für dessen Entwicklungsprozess werden Verbesserungspotentiale evaluiert und ein Dashboard integriert. Ein wichtiger Erfolgsfaktor hierfür ist die Auswahl und Visualisierung relevanter Metriken [Hu++18]. Daher erfolgt die Ermittlung der Metriken basierend auf den Verbesserungszielen. Auf Basis eines Experten-Interviews mit dem Prozessverantwortlichen lassen sich folgende Ziele identifizieren:

	Verbesserungsziele
Snapshot Deployment (SD)	Höhere Transparenz und Erfolgsquote beim Deployment eines Snapshots
Release Deployment (RD)	Reduzierung der Dauer beim Deployment eines Release-Artefaktes
Test und Review (TR)	Reduzierung manueller Tätigkeiten beim Testen und Review des Release-Artefakts
User-Interface (UI)	Verringerung der Fehler im User-Interface des Frontend

Tab. 2: Verbesserungsziele für den Entwicklungsprozess des SAP-Experience-Technology-Teams

Anforderungen Monitoring-Entwicklungsprozess	IST-Erfüllungsgrad	Verbesserungsmaßnahmen
Daten in ausreichender Qualität sind vorhanden.	25%	Implementierung eines automatisierten Monitoring-Prozesses mit HyperSpace
Die Erhebung der Daten ist automatisiert.	0%	
Tools für die Aggregation sowie Visualisierung der Daten sind vorhanden.	0%	Evaluierung von Grafana sowie InfluxDB
Die Metriken weisen eine hohe Zielorientierung auf.	0%	Definition von Metriken entsprechend der Verbesserungsziele
Die Metriken sind relevant für das Team.	0%	
Die Daten sind visualisiert und für das Team leicht zugänglich.	0%	Implementierung eines Monitoring-Dashboard mit Grafana

Tab. 3: Verbesserungsmaßnahmen für Monitoring des Entwicklungsprozesses

Basierend auf den Verbesserungszielen in Tab. 2 erfolgt die Ableitung konkreter Maßnahmen. Hierfür wird in Anlehnung an die Anforderungen beim Monitoring des Entwicklungs-prozesses nach Rezagholi [Reza04] sowie an die Erfolgsfaktoren bei der Umsetzung eines CD-Software-Analytics-Projekts [Hu++18] der IST-Erfüllungsgrad bestimmt. Ausgehend vom IST-Erfül-

lungsgrad hat eine Evaluierung möglicher Verbesserungsmaßnahmen mit dem Prozessverantwortlichen stattgefunden. Tab. 3 fasst die Maßnahmen zusammen.
Für die Bestimmung relevanter Metriken für die Überwachung der Verbesserungsziele nutzt die Arbeit die GQM-Methode. Darauf geht Kapitel 3.3 näher ein.

3.2 Umsetzung eines Monitoring-Dashboards mit SAP HyperSpace

Für die Umsetzung eines Dashboards ist eine konsistente Datenbasis notwendig, zudem sollte es für die Anwender leicht zugänglich sein [Hu++18]. Daher verwendet die Arbeit Technologien, die bereits innerhalb der SAP etabliert sind. Die Erhebung der Daten erfolgt mit SAP HyperSpace, für die Visualisierung kommt InfluxDB sowie Grafana zum Einsatz. Verantwortlich für das Dashboard ist entsprechend der MPTM-Methode der Prozessverantwortliche [Reza04]. Im Falle des SAP-Experience-Technology-Teams wird dieses zukünftig vom Software-Lead-Entwickler betreut. Das CI/CD-Tool HyperSpace fungiert als interner Shared-Service, der sich an Entwicklungsteams der SAP-Produktentwicklung richtet.

Das Tool verknüpft verschiedene Tools, Services sowie Technologien für die Erstellung von Deployment-Pipelines für Java- oder Node.js-Projekte. Die Orchestrierung der Pipeline erfolgt mit Jenkins. Die Konfigurationsdateien verwaltet das SAP-Piper-Team zentral und stellt es über ein Github-Repository zur Verfügung. Zudem ist eine individuelle Anpassung an den jeweiligen Entwicklungsprozess möglich. Abb. 1 gibt einen Überblick über die Aktivitäten der Deployment-Pipeline:

Abb. 1: Deployment-Pipeline des SAP-Experience-Technology-Teams

Im ersten Schritt erfolgt die Initialisierung der Pipeline entsprechend der Jenkins-Konifugrationsdatei im Step „Init". Anschließend wird im Step „Central Build" ein Artefakt der Applikation mit dem internen Build-Service xMake erstellt und in das Nexus Repository abgelegt.

Nun erfolgt die Durchführung verschiedener Tests wie Unit-, Acceptance-, Security- sowie Performance-Test. Zusätzlich werden im Step „IP Scan & PPMS" die verwendeten Open-Source-Komponenten überprüft. Falls weitere manuelle Reviews vorgesehen sind, lassen sich diese im Step „Confirm" durchführen. Nach dem erfolgreichen Abschluss der Tests, wird das Artefakt im „Promote"-Step in das Nexus Repository abgelegt. Abschließend erfolgt im Rahmen des „Release"-Step das finale Deployment in die Cloud-Foundry-Produktivumgebung. Die während des Deployments erhobenen Daten werden in einer Zeitreihendatenbank von InfluxDB zwischengespeichert. Die abschließende Visualisierung erfolgt mit Grafana in Form eines Dashboards.

3.3 Bewertung des Dashboards

Tab. 4 stellt die Metriken aus der Literatur, die SOLL-Metriken sowie die IST-Metriken gegenüber. Die Metriken aus der Literatur haben als Grundlage für die Ermittlung relevanter SOLL-Metriken während des Experteninterviews gedient. Da das CI/CD-Dashboard zentral bereitgestellt wird, erfolgte anschließend eine Evaluierung möglicher IST-Metriken. Es lassen sich acht der neun SOLL-Metriken erheben. Dadurch bietet sich das Dashboard als Steuerungsinstrument für die Umsetzung der Verbesserungsziele an.

Verbesserungsziele	Literatur-Metriken	SOLL-Metriken	IST-Metriken
Snapshot Deployment (SD)	Release per Month	Anzahl erfolgreicher Builds	SD1: Number of Builds
	Features per Month	Erfolgsquote der Aktivitäten des Deployment-Prozesses	SD2: Step Status
			SD3: Failure Details
Release Deployment (RD)	Deployment-Time	Deployment-Time absolut	RD1: Pipeline Runtime
	Development-Time	Durchlaufzeit der Deployment Aktivitäten	RD2: Stage Runtime
Automatische Tests & Review (TR)	Failture Detection Rate	Anzahl der Fehler pro Testdurchlauf	TR1: Number of Issues
		Anteil automatischer Tests	TR2: Code Coverage
		Anzahl identifizierter Fehler durch ein manuelles Review	TR3: Skipped Test
Frontend-Fehler Reduzierung (UI)	Time to Restore	Fehler pro Release	UI1: Number of Issues
		Durchschnittliche Fehler pro Release	Nicht möglich

Tab. 4: Gegenüberstellung relevanter Metriken aus der Literatur, dem Experteninterview (SOLL-Metriken) sowie dem Dashboard (IST-Metriken)

Das eingesetzte Grafana-Dashboard wird in Abb. 2 dargestellt.

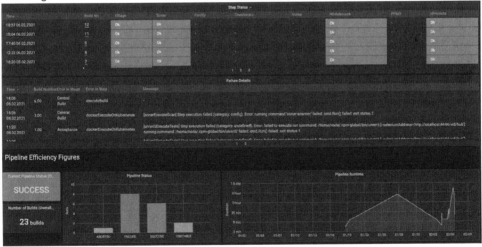

Abb. 2: Grafana Dashboard für das Monitoring der CI/CD-Pipeline

Für eine Überwachung des Verbesserungsziels Snapshot Deplyoment (SD) zeigt das Dashboard die Anzahl der Builds (SD1), den Status der Deployment-Stages (SD2) sowie ein Fehler-Log (SD3) an. Für die Reduzierung der Dauer beim Release Deployment (RD) wird die Laufzeit der Timeline absolut (RD1) sowie nach Stages (RD2) erhoben. Als Indikator für die Automatisierung der Tests sowie Reviews (TR) bietet sich die Code Coverage (TR2), die Fehleranzahl pro Deployment (TR1) sowie die Anzahl nicht ausgeführter Tests (TR3) an. Die Reduzierung der UI-Fehler (UI) kann ebenfalls anhand der Fehleranzahl pro Deployment erfasst werden (UI1). Im Hinblick auf die Überwachung der Tests muss angemerkt werden, dass im ersten Schritt entsprechende Tests zu implementieren sind.

4   Fazit und kritische Bewertung

Die theoretische Analyse zeigt, dass das Monitoring für die Einführung sowie für die Akzeptanz einer CI/CD-Pipeline ein Erfolgsfaktor ist. Hierfür bieten sich system- und umfragebasierte Metriken an. Für die Auswahl und Einführung von Metriken eignen sich etablierte Methoden nur bedingt. Es ist kritisch zu hinterfragen, inwieweit diese die spezifischen Herausforderungen bei der Einführung von Softwaremetriken im Kontext von CI/CD adressieren. Trotzdem lassen sich grundsätzlich die GQM- sowie E4-Methode als mögliche Kandidaten für die Auswahl und die Einführung der Metriken identifizieren. Diese Methoden berücksichtigen jedoch nicht die Analyse des IST-Entwicklungsprozesses. Da CI/CD vor allem auf die Optimierung des Prozesses abzielt, erweist sich die zusätzliche Verwendung der MPTM-Methode als empfehlenswert.

Weiterhin identifiziert diese Arbeit relevante Metriken im Kontext von CD und führt eine Deployment-Pipeline für das SAP-Experience-Technology-Team ein. Acht der neun SOLL-Metriken lassen sich mit dem Grafana-Dashboard erheben. Kritisch zu betrachten ist, dass das vorgestellte Dashboard nur quantitative Daten abbildet. Forsgren und Kersten empfehlen, diese um qualitative Daten zu ergänzen. Auf diese Weise lassen sich auch Aktivitäten außerhalb der Pipeline erheben sowie die Auswirkung von CI/CD auf die Unternehmenskultur und Mitarbeitermotivation bewerten.

Aufbauend auf der vorliegenden Arbeit lassen sich relevante qualitative Metriken im Kontext von CI/CD erheben. In diesem Zuge ist eine Validierung der vorgestellten quantitativen Metriken auf ihre Relevanz für andere Entwicklungsteams möglich. Zusätzlich ist die Implementierung eines teamübergreifenden Monitoring-Dashboards in Betracht zu ziehen. Anhand dessen erweist sich ein Vergleich der Produktivität der Teams sowie die Ableitung relevanter Verbesserungsmaßnahmen als möglich.

Literaturverzeichnis

[Arna21]   Arnaud, B.: A journey with OPA. oJ, http://arnaudbuchholz.github.io/decks/UI5Con'18%20A%20journey%20with%20OPA.html#/, Abruf am 2021-02-04

[BaCD94]   R. Basili; V.; Caldiera, G.; D. Rombach, D.: Goal Question Metric Paradigm. In: Marciniak, J. J. (Hrsg.): Encyclopedia of Software Engineering. John Wiley & Sons, Hoboken, 1994, S. 528 - 532

[Beck99]   Beck, K.: Embracing change with extreme programming. In: Computer, 10(32) (1999), S. 70–77.

[Booc94] Booch, G.: Object-oriented analysis and design with applications. Benjamin/Cummings Pub. Co, Redwood City, 1994.

[BuDY15] Bukhari, Z.; Deraman, A., Yahaya, J.: Software metric selection methods: A review. In: The 5th International Conference on Electrical Engineering and Informatics, ICEEI, Bali, 2015

[CVE21] CVE: CVE - Common Vulnerabilities and Exposures (CVE). 2021, https://cve.mitre.org/, Abruf am 2020-02-01

[DLDG21] Diaz, J.; López-Fernández, D.; Perez, J.; González-Prieto, À.: Why are many business instilling a DevOps culture into their organization?. 2021, http://arxiv.org/abs/2005.10388, Abruf am 2021-02-27

[EbDu07] Ebert, C.; Dumke, R.: Software measurement: Establish, extract, evaluate, execute. Springer, Berlin, 2007

[FoHu15] Forsgren, N.; Humble, J.: DevOps: Profiles in ITSM Performance and Contributing Factors. In: Proceedings of the Western Decision Sciences Institute, WDSI, Las Vegas, 2016

[Fors15] Forsgren, N.: 2015 State of DevOps Report. 2015, https://doi.org/10.13140/RG.2.1.3890.2645. Abruf am 2021-02-01

[FoKe17] Forsgren, N.; Kersten, M.: DevOps Metrics: Your biggest mistake might be collecting the wrong data. In: acmqueue, 6(15) (2017), S. 1 – 16.

[FoHK18] Forsgren, N.; Humble, J.; Kim, G.: Accelerate: The science behind DevOps: building and scaling high performing technology organizations, IT Revolution, Portland, 2018

[FSHF19] Forsgren, N.; Smith, D.; Humble, J.; Frazelle, J.: Accelerate: State of DevOps 2019. 2019, https://services.google.com/fh/files/misc/state-of-devops-2019.pdf, Abruf am 2020-02-27

[Fowl06] Fowler, M.: Continuous Integration. 2006, https://martinfowler.com/articles/continuousIntegration.html, Abruf am 2020-11-21

[Fowl13a] Fowler, M.: Continuous Delivery. 2006, https://martinfowler.com/bliki/ContinuousDelivery.html, Abruf am 2020-21-12

[Fowl13b] Fowler, M.: Deployment Pipeline. 2006, https://martinfowler.com/bliki/DeploymentPipeline.html, Abruf am 2020-21-12

[Hu++18] Huijgens, H.; Spadini, D.; Stevens, D.; Visser, Niels; van Deursen, A.: Software analytics in continuous delivery: A case study on success factors. In: Proceedings of the 12th ACM/IEEE International Symposium on Empirical Software Engineering and Measurement, ESEM, Oulu, 2020

[HuFa11] Humble, J.; Farley, D.: Continuous delivery: reliable software releases through build, test, and deployment automation. Addison-Wesley, New York, 2011

[IEEE90] Institute of Electrical and Electronics Engineers: IEEE Std. 610-12-1990: IEEE Standard Glossary of Software Engineering Terminology. IEEE, New York, 1990

[Ki++16] Kim, G.; Debois, P.; Willis, J.; Humble, J.; Allspaw, J.: The DevOps handbook: How to create world-class agility, reliability, & security in technology organizations. IT Revolution, Portland, 2016

[MaGu20] Maroukian, K.; R. Gulliver, S.: Leading DevOps Practice and Principle Adoption. In: 9th International Conference on Information Technology Convergence and Services, ITCSE, Vancouver, 2020

[MöPa93]   Möller, K.-H.; J. Paulish, D.: Software-Metriken in der Praxis. R. Oldenbourg Verlag, München-Wien, 1993

[LSKM15]   Lehtonen, T.; Suonsyrja, S.; Kilamo, T.; Mikkonen, T.: Defining Metrics for Continuous Delivery and Deployment Pipeline. In: Symposium on Programming Languages and Software Tools, SPLST, Tampere, 2015

[Quni21]   QUnit: QUnit API Docs. oJ, https://api.qunitjs.com/, Abruf am 2020-02-14

[Reine09] G. Reinertsen, D.: The principles of product development flow: Second generation lean product development. Celeritas Pub, Redondo Beach, 2009

[Reza04]   Rezagholi, M.: Prozess- und Technologiemanagement in der Softwareentwicklung: Ein Metrik basierter Ansatz zur Bewertung von Prozessen und Technologien. Oldenbourg, München, 2004

[Ross15]   Rossel, S.: Continuous Integration, Delivery, and Deployment: Reliable and faster software releases with automating builds, tests, and deployment. Packt Publishing, Birmigham, 2017

[ShBZ17]   Shahin, M.; Babar, M. A.; Zhu, L.: Continuous Integration, Delivery and Deployment: A Systematic Review on Approaches, Tools, Challenges and Practices. In: IEEE Access, 5 (2017), S. 3909 – 3943.

[SkDe16]   Skelton, M.; O'Dell, C.: Continuous Delivery with Windows and .NET. O´Reilly Media, Sebastopol, 2016

[TaGR16]   Tahir, T.; Rasool, G.; Gencel, C.: A systematic literature review on software measurement programs. In: Information and Software Technology, 73 (2016), S. 101-121.

Kontakt

Matthias Wiench
SAP SE
Dietmar-Hopp-Allee 16, 69190 Walldorf
matthias.wiench@sap.com

Prof. Dr. Frank Morelli
HS Pforzheim
Tiefenbronnerstr. 65, 75175 Pforzheim
T +49 7231 28-6697, frank.morelli@hs-pforzheim.de

Prof. Dr. Peter Weiß
HS Pforzheim
Tiefenbronnerstr. 65, 75175 Pforzheim
T +49 7231 28-6691, peter.wess@hs-pforzheim.de

Sebastian Lang
SAP SE
Dietmar-Hopp-Allee 16, 69190 Walldorf
sebastian.lang@sap.com

Ermittlung von Erfolgskriterien der künstlichen Intelligenz in Finanzdienstleistungsunternehmen

Steffen Spliethoff, Jörg Puchan, Martin Zsohar

Zusammenfassung

Der vorliegende Artikel beschreibt das Vorgehen sowie die Forschungsergebnisse der Ermittlung von Erfolgskriterien künstlicher Intelligenz (KI) in Finanzdienstleistungsunternehmen. Das entwickelte Rahmenmodell basiert auf dem Technology-Organization-Environment-Framework (TOE-Framework) und wurde am Beispiel einer Versicherung entworfen. Als methodische Grundlage dient die Design Science Research Methodology (DSRM).

1 Einleitung

Die Finanzbranche ist derzeit mit verschiedenen Chancen und Herausforderungen konfrontiert. Das durch die Finanzkrise ausgelöste und bis heute anhaltende Niedrigzinsumfeld erschwert die Anlagestrategien von Versicherungen. (s. [Be++16] und [Bi++18]) Im Bankenwesen macht sich dies in Form einer geringeren Zinsspanne und folglich geringeren Zinserträgen bemerkbar (s. [ScHa19]). Eine weitere Herausforderung stellt besonders in Deutschland der demografische Wandel dar. Diese wird häufig von der Gesellschaft und der Politik unterschätzt. Das steigende Durchschnittsalter verstärkt den Druck auf die Rentenkassen aufgrund des verwendeten Umlageverfahrens. Folglich steigt vor allem der Bedarf an privaten Altersvorsorgen und Krankenversicherungen. (s. [ScHa19]) Eine Chance und ein Risiko zugleich stellen veränderte Kundenbedürfnisse dar. Besonders jüngere Generationen fordern zunehmend transparente, flexible und digitale Lösungen (s. [AlUh16]). Leistungen sollen jederzeit und von verschiedenen Endgeräten aus in Anspruch genommen werden können und nicht von den klassischen Geschäftszeiten abhängen. Zudem wird häufig auch eine Kommunikation über verschiedene Kanäle wie beispielsweise persönlich in einer Niederlassung, telefonisch oder per Chat erwartet. Diese Bedürfnisse werden jedoch von Finanzdienstleistern häufig nur mangelhaft befriedigt (s. [ScHa19]). Eine Schlüsseltechnologie, um die Herausforderungen der Branche zu lösen, stellt die künstliche Intelligenz (KI) dar. So ist es zum einen möglich, durch KI die Prozesse effizienter zu gestalten und zum anderen durch erweiterte Dienstleistungsangebote und Geschäftsmodelle neue Kunden zu erreichen (s. [Bu++18]). In der Literatur wird künstliche Intelligenz unterschiedlich aufgefasst. Nachfolgend wird für KI die Definition nach [KrSi19] verwendet: „Künstliche Intelligenz bezeichnet die Fähigkeit einer Maschine, kognitive Aufgaben auszuführen, die wir mit dem menschlichen Verstand verbinden. Dazu gehören Möglichkeiten zur Wahrnehmung sowie der Fähigkeiten zur Argumentation, zum selbstständigen Lernen und damit zum eigenständigen Finden von Problemlösungen."

2 Zielsetzung

Ein flächendeckender Einsatz von KI bietet Finanzdienstleistungsunternehmen den Vorteil, Herausforderungen der Digitalisierung zu lösen und einen Mehrwert zu schaffen (s. [KiCo17]). Damit Technologieinnovationen erfolgreich implementiert werden können, gilt es, die Unternehmensorganisation zu transformieren und nachhaltig zu befähigen, anstatt kurzfristige Projekte anzustreben (s. [HoSa17]). Die Einführung von KI wird dabei von Aspekten über technische hinaus beeinflusst, wodurch sich die Komplexität einer Integration erhöht (S [FoMT19]). In der Praxis sind erfolgskritische Rahmenbedingungen nicht ausreichend bekannt oder betrachtet. Zwar existiert Literatur zu Erfolgskriterien in einer Organisation, die KI begünstigen, jedoch sind diese ausschließlich auf die Adaption von KI bezogen oder nicht hinreichend für die Finanzdienstleistungsbranche geeignet. Es stellt sich somit folgende Forschungsfrage:

Was sind die Erfolgskriterien für die Einführung und den Betrieb von KI in der Finanzdienstleistungsbranche?

3 Methodische Vorgehensweise

Innerhalb der Forschungsarbeit wurde ein Rahmenmodell entwickelt, welches den Verantwortlichen in Finanzdienstleistungsunternehmen relevante Erfolgskriterien aufzeigt. Aufgrund des starken Praxisbezugs eignet sich die Design Science Research Methode (DSRM) nach [HMPR04] als methodische Grundlage. Im Rahmen dieses Ansatzes wird in mehreren Iterationen ein Artefakt erzeugt und anschließend evaluiert. Das mehrmalige Wiederholen von Entwicklung und Evaluation erhöht die Ergebnisqualität. (s. [HMPR04]) Zur Umsetzung der Methode wird sich an dem Design Science Research Prozess (DSRP) nach [Pe++06] orientiert (vgl. Abbildung 1). Insgesamt wurde in dem diesem Beitrag zugrundeliegenden Projekt der DSRP dreimal durchlaufen. Zusätzliche Durchläufe können die Qualität weiter steigern. Dies war jedoch aufgrund des begrenzten Zeitrahmens der Forschungsarbeit nicht vorgesehen. Zur Evaluation in den ersten beiden Iterationen ist eine Kommunikation der vorläufigen Forschungsergebnisse notwendig. Deshalb werden die Schritte „Evaluation" und „Kommunikation" in diesen Phasen vertauscht. Angepasst an die Aufgabenstellung ergibt sich daraus folgendes Vorgehen. Den Startpunkt der Forschung bildet eine Literaturrecherche, welche durch die spätere Evaluierung mithilfe von Experteninterviews ergänzt wird. In jedem Durchlauf findet eine Demonstration des Modells in einer Versicherung mit zunehmendem Umfang statt. Das Rahmenmodell stellt zunächst ein abstraktes Modell dar, weshalb zur Bewertung der Kriterien in einem Unternehmen zusätzlich ein Reifegradmodell entwickelt wurde. Darauf wird aufgrund des begrenzten Umfangs dieses Beitrags nicht näher eingegangen. Als erste Evaluierungsmethode eignen sich Experteninterviews (s. [SoBr11]). Dadurch können vorhandene Lücken aufgedeckt und erläutert werden. Diese stellen ebenfalls die Datenerhebungsmethode der zweiten Phase dar. Die erhobenen Daten der ersten und zweiten Phase wurden jeweils mithilfe einer qualitativen Inhaltsanalyse ausgewertet. Im zweiten Durchlauf fand die Evaluation mit den vorherigen Interviewteilnehmern mittels eines quantitativen Fragebogens statt. In der letzten Phase wurde das Rahmenmodell mit den Evaluationsergebnissen verbessert. Nachfolgend werden diese Methoden näher beschrieben.

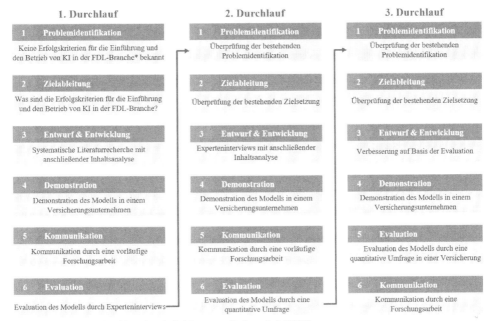

Abbildung 1: Methodisches Vorgehen in Anlehnung an Peffers et al. (2006)

3.1 Literaturrecherche

Die Literaturrecherche dient zunächst der Erschließung des aktuellen Forschungsstands und zur vorläufigen Identifikation der in der Literatur bestehenden KI-Erfolgskriterien. Das Vorgehen orientiert sich an der systematischen Literaturrecherche nach [Br++09]. Die strukturierte Vorgehensweise erhöht die Nachvollziehbarkeit und verhindert eine Ergebnisverzerrung (s. [Br++09]). Aufgrund der Spezifika des Themengebiets und der geringen Anzahl an publizierten Arbeiten wurde die Suche auch auf Rahmenbedingungen in anderen Branchen erweitert. Der Publikationszeitraum wurde von 2016 bis 2020 eingegrenzt, um die Aktualität der Erkenntnisse sicherzustellen. Für die Auswahl der Datenbanken wird das Datenbankinformationssystem der Hochschule München verwendet. Dort ist eine Liste mit den am häufigsten verwendeten Datenbanken dargestellt. Es ist davon auszugehen, dass diese auch die Relevanz widerspiegeln. Als Quellen dienen insgesamt fünf Datenbanken. Die Suche ergab 1034 Treffer. Zunächst fand eine vorläufige Auswahl anhand des Titels statt. Diese wurde anschließend anhand des Abstracts und später anhand des Inhalts bewertet und verdichtet. Für die verbleibenden sechs Artikel (s. [KrWB19], [ACMA20], [WFKT20], [AdKu19], [MMFF20] und [GiBB20]) wurde eine Vorwärts- und Rückwärtssuche durchgeführt. Insgesamt ergab eine Suche fünf weitere Artikel (s. [AlCM19], [AlCM18], [AlMC20], [RaGK17] und [PuTH19]).

3.2 Experteninterview

Experteninterviews eignen sich bei diesem Themengebiet besonders, da derzeit wenig Literatur bezüglich KI in der Finanzdienstleistungsbranche existiert. Die Gespräche wurden über einen zuvor erstellten, teilstandardisierten Leitfaden gesteuert, womit eine Vergleichbarkeit der verschiedenen Interviews gewährleistet wird und dennoch ein weitgehend offener Gesprächsverlauf möglich ist (s. [Helf19]). Um ein objektives Ergebnis zu erhalten, wurden Vertreter aus unterschiedlichen Branchen befragt (vgl. Tabelle 1). Die Gespräche wurden aufgrund der andauernden COVID-19-Pandemie per Video- oder Telefonkonferenz durchgeführt und mit Zustimmung der Probanden akustisch aufgezeichnet. Anschließend wurden diese mithilfe des einfachen Transkriptionssystems nach [DrPe17] transkribiert. Spätere Verweise auf Expertenaussagen werden nachfolgend mit der Identifikationsnummer aus Tabelle 1 und dem zitierten Absatz angegeben. Der Verweis ist wie folgt aufgebaut: (s. EXX, Abs. Y). Die Transkripte finden sich in einer ausführlichen Dokumentation wieder und können bei den Autoren angefragt werden.

ID	Position	Branche	Dauer des Interviews
E01	Geschäftsführer/-in	Versicherung	41 min
E02	Bereichsleiter/-in Data Analytics	Forschung / Beratung	43 min
E03	Vorstandsreferent/-in	Versicherung	39 min
E04	Senior Expert/-in	Beratung	28 min
E05	Bereichsleiter/-in Data Analytics	IT-Dienstleistung	41 min
E06	Partner/-in	Beratung	30 min
E07	Professor/-in	Forschung	41 min
E08	Vorstand/Vorständin	IT-Dienstleister	47 min
E09	Leiter/-in Versicherungsgeschäft	Dienstleister	31 min
E10	Professor/-in	Forschung	45 min

Tabelle 1: Teilnehmer der Experteninterviews

3.3 Quantitative Umfrage

Zur Evaluation der Forschungsergebnisse wurden quantitative Umfragen durchgeführt. Diese Methodik ermöglicht eine hohe Vergleichbarkeit der Ergebnisse. Aufgrund der örtlichen Trennung zu den Befragten sowie zur leichteren Auswertung der Umfrageergebnisse wurde die Umfrageverwaltungssoftware „Google Forms" verwendet. Durch die zusätzlich gewährleistete Anonymität sind unverfälschte Antworten zu erwarten (s. [WaHe19]). Ziel war es hauptsächlich, Meinungen hinsichtlich der Qualität des Rahmenmodells zu erheben. Dazu eignen sich Behauptungen, deren Zutreffen die Befragten einzuschätzen haben (s. [BoDö06]). Diese wurden zusätzlich durch offene Fragen ergänzt, um ein detaillierteres Feedback zu ermöglichen. Insgesamt wurde der Fragebogen an zwölf Personen versendet, wovon insgesamt fünf Personen teilnahmen. Die Umfrageteilnehmer setzen sich aus den vorherigen Interviewteilnehmern zusammen sowie zusätzlich aus zwei weiteren Experten.

4 Aktueller Forschungsstand

In der Literatur lassen sich ähnliche Forschungsfragen finden. So wird häufig die Technologieadaption anhand von verschiedenen Modellen beschrieben. Ein Modell davon, welches die Einführung auf Unternehmensebene betrachtet und zusätzlich externe Faktoren berücksichtigt, ist das TOE-Framework nach [ToFC90]. Dabei werden Technologie-, Organisations- und Umwelteinflüsse berücksichtigt. Erstere umfassen alle Technologien, die im Unternehmen angewandt werden, und Technologien, welche bereits verfügbar, im Unternehmen jedoch nicht im Einsatz sind. Der organisationale Aspekt bezieht sich auf die Eigenschaften und Ressourcen der Organisation. Dieser beinhaltet auch Strukturen zwischen Mitarbeitern, interne Kommunikationsprozesse und frei verfügbare Ressourcen. Umwelteinflüsse umfassen beispielsweise Branchenstrukturen, regulatorische Anforderungen und die Marktsituation der Technologieanbieter. (s. [Bake12]) Basierend auf dem Framework wurden in einer Forschung von [VeBh17] die Ursachen von Unternehmen, Big Data Analytics nicht einzuführen, untersucht. Eine aktuelle Forschung von [KrWB19] betrachtet die Haupttreiber für eine erfolgreiche Implementierung von KI in Finanzdienstleistungsunternehmen. Eine weitere Untersuchung von [JöWW21] beschreibt Reifegradfaktoren eines Unternehmens in Bezug auf KI. Es ist zu erkennen, dass in der Literatur häufig Erfolgskriterien für eine gelungene KI-Einführung in unterschiedlichen Branchen ermittelt werden. Häufig bezieht sich dies jedoch nur unzureichend auf einen Betrieb von KI. Das TOE-Framework bietet somit eine fundierte theoretische Grundlage für die Erarbeitung des Rahmenmodells.

5 Ergebnisse

Im Folgenden werden das Rahmenmodell (vgl. Tabelle 2) präsentiert sowie exemplarisch drei Faktoren detailliert beschrieben (vgl. Abs. 5.1, 5.2, 5.3). Zur Messung der Erfolgskriterien wurde zusätzlich ein Reifegradmodell entwickelt. Dies dient der Ermittlung der Ist-Situation im Unternehmen und ermöglicht eine systematische Planung der Reifegradsteigerung. Eine ausführliche Beschreibung aller Erfolgskriterien sowie des Reifegradmodells ist aufgrund des begrenzten Umfangs dieses Beitrags nicht möglich.

Kriterien		Unterkriterien	Beschreibung
1. Technologie			
1.1 Daten		1.1.1 Datenmenge	KI erfordert eine ausreichende Datenmenge. Ein Defizit besteht vor allem bei Transaktionsdaten an der Kundenschnittstelle aufgrund geringer Kontaktfrequenz.
		1.1.2 Datenzugriff	Neben der Datenmenge ist es notwendig, dass diese unternehmensweit zugreifbar sind. Ein einheitlicher Datenzugriff ist jedoch oft durch Datenschutzanforderungen und wirtschaftliche Gründe nicht ausnahmslos realisierbar.
		1.1.3 Datenqualität	Die Datenqualität entscheidet maßgeblich über die Modellqualität. Aus diesem Grund müssen Qualitätskriterien erfüllt werden. Besonders Datenverzerrungen stellen ein häufiges Problem dar.
1.2 Lebenszyklus-management		1.2.1 Entwicklung & Implementierung	Der Erfolg von einem KI-Projekt kann im Vorhinein nicht gewährleistet werden. Zusätzlich erfordert das Experimentieren während der Einführung agile und interdisziplinäre Vorgehensweisen.
		1.2.2 Anwendung & Pflege	Die Qualität kann aus verschiedenen Gründen im Laufe der Zeit abnehmen. Deshalb müssen Modelle nachgebessert und aktualisiert werden.
		1.2.3 Monitoring	Um zu erkennen, wann in ein KI-Modell eingegriffen werden muss, ist ein Monitoring notwendig. Dies ist ebenfalls relevant für das Risikomanagement.
		1.2.4 Verwaltung	Durch das iterative Vorgehen entsteht eine Vielzahl an Versionen. Dies erfordert eine Versionierung, um Änderungen nachvollziehen zu können und Complianceanforderungen gerecht zu werden.
1.3 IT-Infrastruktur		1.3.1 Rechenkapazität	Das Modelltraining erfordert eine höhere Rechenkapazität als der Betrieb selbst. Eine Ausrichtung auf die Spitzenlast ist nicht wirtschaftlich, folglich ist eine skalierbare Rechenleistung wesentlich.
		1.3.2 Serviceorientierung	Eine Serviceorientierung ermöglicht eine schnellere und unkompliziertere Integration von KI-Systemen sowie Tools zur Entwicklung und zum Betrieb von KI.
		1.3.3 KI-Tools	Verschiedene KI-Tools sind notwendig, um KI entlang der Lebenszyklusphasen zu unterstützen. Diese müssen untereinander verknüpft sein, um durchgängige Prozesse zu ermöglichen.
1.4 Use Cases		1.4.1 Nutzen	Ein Einsatz von KI muss stets einen Nutzen mit sich bringen. Dabei sind neben einer Optimierung bestehender auch neue Geschäftsmodelle möglich.
		1.4.2 Entwicklung	Bei der Entwicklung von Use Cases ist ein Mitarbeitereinbezug erforderlich. So sind Fachbereichsmitarbeiter mit den Geschäftsabläufen vertraut und können Potentiale besser erkennen.
		1.4.3 Koordination	Eine zentrale Koordinierung ist notwendig, um ähnliche Use Cases zu bündeln, Priorisierungen zu treffen und Doppelarbeit zu vermeiden.

2.	Organisation		
2.1 Aufbau- und Ablauforganisation	2.1.1 Agilität	Das agile Vorgehen erfordert agile Unternehmensstrukturen. In der Finanzdienstleistungsbranche sind vollständig agile Strukturen jedoch nicht zielführend. Hier bieten sich eine Hybridlösung an.	
	2.1.2 Verantwortlichkeiten	Verantwortlichkeiten sind auf Mitarbeiter- und Organisationsebene über Projektverantwortlichkeiten hinaus festzulegen. Durch das explorative und zugleich komplexe Thema ist ein zentral-dezentraler Ansatz zielführend.	
	2.1.3 Digitale Prozesse	Digitale Prozesse ermöglichen eine fortlaufende Datensammlung. Des Weiteren ist dadurch eine Integration von KI in digitale Prozesse einfacher möglich.	
2.2. Management	2.2.1 Verständnis	Das Management benötigt eine realistische Einschätzung von KI. Es muss bekannt sein, dass ein einzelner Use Case nicht zwingend erfolgreich ist. Daraus darf jedoch nicht schlussgefolgert werden, dass ein KI-Einsatz generell keinen Erfolg bringt.	
	2.2.2 Unterstützung	Managementunterstützung auf allen Hierarchieebenen ist ein entscheidender Faktor. Zusätzlich müssen ausreichend Budget und Ressourcen für einen Einsatz bereitgestellt werden. Dabei besteht ein Investitionsbedarf über technologische Aspekte hinaus.	
2.3 Mitarbeiter	2.3.1 Kompetenzen	Neben KI-Spezialisten sind weitere Mitarbeiterfähigkeiten notwendig. Besonders bedarf es Fachbereichsmitarbeiter mit KI-Kompetenzen. Diese müssen den Geschäftsnutzen bei der Einführung sicherstellen und KI anwenden können.	
	2.3.2 Kompetenzaufbau	Ein Kompetenzaufbau kann durch Neueinstellungen, Schulungen und externen Zukauf erfolgen. Eine Mischung der drei Methoden erweist sich als zielführend.	
	2.3.3 Kompetenzmanagement	Kompetenzen müssen verwaltet und gepflegt werden. Durch ein Kompetenzmanagement können crossfunktionale Teams sichergestellt und Fähigkeiten nachhaltig aufgebaut werden.	
2.4 Kultur	2.4.1 Akzeptanz	Die Akzeptanz bei Mitarbeitern ist erforderlich, da diese KI anwenden und Use Cases entwickeln sollen. Vorbehalte müssen durch Aufklärungen, Schulungen und positive Beispiele abgebaut werden.	
	2.4.2 Innovative Kultur	Die Unternehmenskultur muss Agilität, Interdisziplinarität und eine experimentelle Vorgehensweise unterstützen, welche für KI von Bedeutung ist.	
	2.4.3 Change-Management	Ein Change-Management ist notwendig, um Akzeptanz und eine innovative Kultur in einer Versicherung zu ermöglichen.	
3.	Umwelt		
3.1 Datenschutzgesetze	3.1.1 Klarheit	Datenschutzgesetze werden häufig nicht richtig verstanden oder sind unklar formuliert. Deswegen ist es eine Voraussetzung für eine spätere Umsetzung, diese vollständig zu verstehen. Agile Teams benötigen Rahmenbedingungen, in welchen sie sich bewegen können.	
	3.1.2 Umsetzung	Im Hinblick auf KI bedarf es einer innovativen Umsetzung von Gesetzen. Dies ist notwendig, um den rechtlichen Rahmen vollständig auszuschöpfen.	
3.2 Ethik	3.2.1 Ethische Richtlinien	Ethik umfasst viele Aspekte und spielt eine große Rolle bei einem KI-Einsatz. Es bedarf deswegen klarer ethischer Richtlinien im Unternehmen.	
	3.2.2 Umsetzung	Die vorher genannten Richtlinien sind sicherzustellen. Dabei gilt es, Maßnahmen und Verantwortlichkeiten festzulegen, um Ethik zu überprüfen und umzusetzen.	
3.3 Kunden	3.3.1 Kommunikation	Versicherungen besitzen großes Kundenvertrauen. Um dies weiterhin zu gewährleisten, muss dem Kunden transparent vermittelt werden, was mit seinen Daten geschieht. Des Weiteren ist eine Aufklärung des Kunden aufgrund von häufig falschen Vorstellungen relevant.	
	3.3.2 Nutzung	Damit KI auch tatsächlich genutzt wird, ist ein Mehrwert für den Kunden sicherzustellen.	
3.4 Anbieter	3.4.1 Partnerschaften	Für den Einsatz von KI gilt es, Partnerschaften aufzubauen. Ein KI-Einsatz kann aufgrund der Komplexität nicht eigenständig erfolgen.	
	3.4.2 Make-or-Buy	Bei der "Make-or-Buy"-Entscheidung gilt es zu beachten, dass das Risikomanagement im eigenen Unternehmen bleibt. Bewährte Modelle von Anbietern können hingegen zugekauft werden. Es muss berücksichtigt werden, dass ein reines "Plug & Play" meist nicht möglich ist.	
3.5 Sicherheit	3.5.1 Geistiges Eigentum	Besonders bei unternehmenskritischen Anwendungen muss ein Schutz des geistigen Eigentums sichergestellt werden. Ein Bewusstsein über einen möglichen Verlust des geistigen Eigentums ist demnach entscheidend.	
	3.5.2 Nutzung	Gefahren bei der Nutzung, wie eine Datenverzerrung oder geringes Vertrauen in KI-Anwendungen, müssen bekannt sein und geeignete Gegenmaßnahmen getroffen werden.	
	3.5.3 Angriffe	Gefahren vor feindlichen Angriffen müssen ebenfalls bekannt und Gegenmaßnahmen vorhanden sein. Besonders Schnittstellen zu externen Datenbanken und Systemen stellen potentielle Gefahren dar.	

Tabelle 2: Rahmenmodell

Das Rahmenmodell basiert auf dem TOE-Framework und setzt sich aus den drei Hauptdimensionen Technologie, Organisation und Umwelt zusammen. Diese bestehen wiederum aus mehreren Unterdimensionen, welche einzelne Einflussfaktoren zusammenfassen. Durch die Vielzahl an Unterdimensionen in den Kategorien Organisation und Umwelt lässt sich erkennen, dass eine Nutzung und ein Betrieb von KI weitaus mehr als eine reine Technologiebetrachtung erfordert. Dies deckt sich mit Erkenntnissen anderer Autoren, wonach mindestens genauso viel in die Organisation wie in Technologie investiert werden muss (s. [FoMS19]).

Während der Untersuchung stellte sich ebenfalls heraus, dass die dargestellten Faktoren nicht unabhängig voneinander zu betrachten sind, sondern stets in Abhängigkeit zueinander stehen. Aus diesem und aus dem Grund, dass individuelle Daten erforderlich sind, ist KI keine Technologie, die ausschließlich extern beschafft werden kann. Die Relevanz der Erfolgskriterien ist zudem von den Unternehmenszielen abhängig. So sind die Anforderungen an ein Unternehmen, welches KI nutzt, um neue Geschäftsmodelle darauf aufzubauen, höher. Ein ausschließlicher Einsatz von in der Praxis bewährten Modellen ist hingegen mit geringeren Hürden verbunden. Zur Veranschaulichung des Modells wird nachfolgend aus jeder Dimension jeweils eine Unterdimension vorgestellt. Beispielhaft wurden dafür die Kategorien Daten, Mitarbeiter und Ethik ausgewählt.

5.1 *Daten*

Eigenschaften von KI-Modellen werden durch Trainingsdaten definiert. Aus diesem Grund ist eine ausreichende *Datenmenge* erforderlich. (s. [GiBB20], [KrWB19] und [RaGK17]) Zwar besitzen Finanzdienstleister bereits eine Vielzahl an personenbezogenen Daten, jedoch sind diese nicht ausreichend strukturiert oder nicht digital vorhanden (s. E04, Abs. 10, E06, Abs. 2, E09, Abs. 14–16). Ein Defizit besteht in Versicherungsunternehmen bei Transaktionsdaten an der Kundenschnittstelle aufgrund einer geringen Anzahl an Kundenkontaktpunkten (E06, Abs. 6). „Das Problem ist immer, dass es nicht so viele transaktionsbezogene Daten gibt, außer im Schaden. Wenn man keinen Schaden hat, dann hat man auch keinen Kontakt zu seinen Versicherern." (E06, Abs. 4). An dieser Stelle haben Banken einen Vorteil, da bei jeder Transaktion Daten gesammelt werden (s. [MüAn20]). Die genaue Datenmenge ist jedoch abhängig vom jeweiligen Anwendungsgebiet (s. [KrWB19] und E01, Abs. 6). Um einen ausreichend großen Datenpool zu erhalten, müssen Daten zum einen intern gesammelt werden. Ein Experte nennt digitale Prozesse, „die natürlich den Vorteil haben, dass diese auch Daten liefern." (E10, Abs. 60). Zum anderen können Daten extern beschafft werden. So wird von zwei Experten empfohlen, unabhängig von der Unternehmensgröße Partnerschaften mit anderen Unternehmen einzugehen (s. E03, Abs. 12, E09, Abs. 134–138). Ein bestehendes Problem bei Finanzdienstleistern sind fragmentierte Daten und sogenannte Datensilos (s. [RaGK17]). Besonders ausgeprägt ist dies bei einer Spartenorganisation (E09, Abs. 6). Ein *zentraler Datenzugriff* stellt sich jedoch als wichtiger Faktor heraus. Um dies wirtschaftlich und mit einem verhältnismäßigen Aufwand zu erreichen, wird kein vollständig zentraler Zugriff angestrebt, sondern es werden weiterhin vereinzelt dezentrale Datentöpfe ermöglicht (s. E04, Abs. 8, E05, Abs. 10, E10, Abs. 10). Des Weiteren verhindern datenschutzrechtliche Anforderungen einen ausnahmslosen zentralen Datenzugriff (s. E10, Abs. 10, E02, Abs. 6, E08, Abs. 10). Abzugrenzen von einem zentralen Zugriff ist eine zentrale Verwaltung. So können externe Daten über Schnittstellen angebunden sein und müssen nicht eigenständig gespeichert und verwaltet werden. Ein entscheidender Faktor für die Modellgenauigkeit ist die *Datenqualität*. Zum einen müssen Daten frei von Verzerrungen sein. Zum anderen ist auch deren Aktualität bedeutsam, da bestehende Daten unter Umständen nicht mehr die gegebenen Rahmenbedingungen repräsentieren. Ein Experte nennt die aktuelle Corona-Pandemie als Beispiel: „Die Leute fahren viel weniger Auto als sonst. (…) wir haben viel weniger Schäden und das wirkt sich jetzt im Wechselgeschäft so aus, dass viele Versicherer mit ihren Preisen total nach unten gehen, (…) aber das heißt, das Wechselgeschäft ist viel weniger kalkulierbar." (E03, Abs. 2)

5.2 Mitarbeiter

In der Literatur werden *Mitarbeiterkompetenzen* als ein entscheidender Einflussfaktor auf eine erfolgreiche Implementierung und Nutzung von KI genannt (s. [AlCM19] und [RaGK17]) Zudem wird neben KI-spezifischen Fähigkeiten ebenfalls auch die Notwendigkeit von unternehmensspezifischen Fachkenntnissen deutlich (s. [ACMA20] und [PuTH19]). Ein Befragter begründet dies, da besonders Fachmitarbeiter die KI-Systeme nutzen werden (s. E04, Abs. 60). Durch die Zusammenarbeit von Mensch und Maschine kann sich das System durch die Rückmeldungen zu den getroffenen Entscheidungen stetig verbessern (s. [MMFF20]). Als notwendige Soft Skills werden unter anderem Flexibilität und die Fähigkeit zum interdisziplinären Arbeiten genannt (s. E06, Abs. 60, E09, Abs. 80 und [KrWB19]). Es wird deutlich, dass der Einsatz von KI unterschiedliche Mitarbeiterfähigkeiten, über die des klassischen Data Scientisten hinaus erfordert. Zum *Kompetenzaufbau* werden hauptsächlich drei verschiedene Möglichkeiten genannt: Neueinstellungen, Training und Zukauf von externen Kompetenzen. Dabei erweist sich eine Mischung als zielführend. Einerseits ist das Thema zu komplex, um alle benötigten Kompetenzen zeitnah selbstständig aufzubauen, andererseits werden durch Neueinstellungen die Geschäftsspezifika nicht ausreichend berücksichtigt. Besonders am Anfang müssen externe Kompetenzen eingekauft werden (s. E01, Abs. 48, E06, Abs. 62). Aber auch innerhalb der externen Beschaffung gibt es Unterschiede darin, wie Mitarbeiterfähigkeiten aufgebaut werden können. So können durch eine Partnerschaft mit einem Dienstleister und gemeinsam erarbeitete KI-Lösungen ebenfalls interne Fähigkeiten aufgebaut werden. Hingegen profitieren eigene Mitarbeiter nicht, sofern ganze Services eingekauft werden. (s. [WFKT20]). Als eine Herausforderung wird der Fachkräftemangel an Data Scientisten angeführt (s. [PuTH19] und [KrWB19]). Lediglich ein Experte sieht darin kein Problem, solange Jobprofile interessant gestaltet werden (s. E05, Abs. 58). Dies konnte bei der Untersuchung jedoch nicht bestätigt werden. Um die vielfältigen Kompetenzen, die für KI nötig sind, zu verwalten und aufzubauen, nennt ein Interviewteilnehmer den Bedarf eines *Kompetenzmanagements* (s. E05, Abs. 86). So ist beispielsweise sicherzustellen, dass Teams interdisziplinär und mit komplementären Fähigkeiten besetzt werden (s. E08, Abs. 58).

5.3 Ethik

In der Literatur lassen sich Fairness, Verantwortung und Transparenz als ethische Aspekte finden (s. [AdKu19]). Zwar stellt Datenschutz ebenfalls ein Teilgebiet der Ethik dar, wird in dieser Untersuchung jedoch aufgrund der hohen Bedeutsamkeit getrennt betrachtet. Unter *Fairness* wird hauptsächlich verstanden, dass Minderheiten nicht durch eine Datenverzerrung diskriminiert werden (s. E02, Abs. 42, E05, Abs. 80, E07, Abs. 88 und [AdKu19]). Um dies zu verhindern, müssen klare Verantwortlichkeiten und *Richtlinien* definiert und Maßnahmen zur Prävention entwickelt werden. Es ist jedoch nicht ausreichend, bestimmte Parameter aus dem Modelltraining auszulassen, da diese über Korrelationen mit anderen Attributen verknüpft sein können. Ein Befragter sagte dazu: „Zum Beispiel ein Modell in der KFZ-Versicherung hat gezeigt, Nachnamen, die ein Ü (...) haben, (...) das sind eher ausländische Namen (...) und die hatten dann ein höheres Schadenrisiko. Die wären dementsprechend diskriminiert worden, was natürlich nicht sein darf." (E02, Abs. 42) Zusätzlich kann durch ethische Richtlinien Vertrauen geschaffen und die Akzeptanz von KI gesteigert werden (s. E04, Abs. 86, E08, Abs. 44). Ein Beispiel für die *Umsetzung* von Strukturen und Verantwortlichkeiten ist das Unternehmen Microsoft. Dort bilden insgesamt sechs Richtlinien den Rahmen für einen ethischen KI-Einsatz. Des Weiteren sind zentrale Instanzen vorhanden, welche für die Richtlinien und Regelungen verantwortlich sind und kritische Anwendungen überprüfen sowie dezentrale Beauftragte, die ethische Fragen an die zentrale Einheit weiterleiten. Diesbezüglich existiert ein definierter Prozess, wie Ethik bewertet und umgesetzt werden kann. (s. [Micr20]) Es bleibt zu erwähnen, dass Strukturen und Verantwortlichkeiten allein noch keinen ethischen Einsatz garantieren. Um den Aspekt Transparenz zu erfüllen, ist es notwendig, KI-basierte Ergebnisse nachvollziehbar zu gestalten. Sogenannte Black-Box-Modelle sollen vermieden werden (s. [KrWB19] und [PuTH19]).

6 Evaluation

Um die Praxisrelevanz zu prüfen und die Ergebnisqualität weiter zu steigern, stellt die Evaluation eine zentrale Phase dieser Arbeit dar. Von insgesamt zwölf Einladungen nahmen an der quantitativen Umfrage fünf Personen teil. Insgesamt geht ein positives Feedback hervor. Das Modell zeigt einen hohen Nutzen und alle Befragten bestätigten, die entwickelten Modelle in Zukunft zu verwenden. Der Durchschnitt der verschiedenen Bewertungen liegt bei allen Werten größer vier (vgl. Abbildung 2). Aus der Evaluation resultieren gute Ergebnisse hinsichtlich der Vollständigkeit in allen drei Bereichen des Rahmenmodells. Das Rahmenmodell stützt sich auf die Aussagen der befragten Experten. Da auch die Umfrage hauptsächlich mit den Teilnehmern der Experteninterviews durchgeführt wurde, waren hier somit keine sonderlichen Abweichungen zu erwarten. Die Umfrageteilnehmer bewerten das Rahmenmodell bezüglich der Kriterien Konsistenz und Logik als sehr gut. Die positive Beurteilung der zuvor genannten Kriterien kann durch eine Orientierung am mehrfach empirisch fundierten TOE-Rahmenmodell begründet werden.

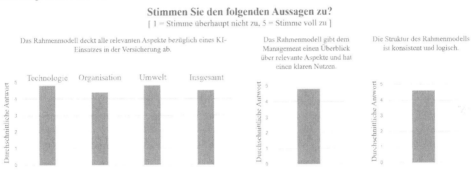

Abbildung 2: Umfrageergebnisse

7 Fazit

Im Zuge der Forschungsarbeit wurde ein Rahmenmodell entwickelt. Zu diesem Zweck wurden Erkenntnisse aus elf wissenschaftlichen Texten sowie zehn Experteninterviews zusammengetragen. Das Rahmenmodell deckt neben den technologischen Faktoren ebenfalls Organisations- und Umweltaspekte ab. Eine Grundvoraussetzung für einen erfolgreichen Einsatz von KI ist eine ausreichende Datenmenge und -qualität. Ein zentraler Datenzugriff erleichtert zudem einen breiten KI-Einsatz. Zur Entwicklung und Anwendung von KI sind vielfältige Mitarbeiterkompetenzen notwendig, die in der Organisation aufgebaut und verwaltet werden sollen. Ebenso müssen ethische Standards implementiert sowie deren Umsetzung geregelt werden. Die unterschiedlichen Erfolgskriterien des Rahmenmodells verdeutlichen den Umfang und die Komplexität von KI. Darunter finden sich Faktoren, die allgemein eine Technologieeinführung unterstützen. Als Beispiel können hier die Aspekte Managementunterstützung oder Change-Management genannt werden. Diese wurden durch KI-spezifische Kriterien ergänzt, wie beispielsweise den Aspekt Daten oder Ethik. Es gilt zu beachten, dass die einzelnen Faktoren stets in Wechselwirkung zueinander stehen. Das iterative Forschungsvorgehen der DSRM ermöglichte ein frühes Anpassen und Verbessern der Ergebnisse. In insgesamt drei Durchläufen konnte die Qualität schrittweise verbessert werden. Durch die Kombination verschiedener Methoden wurden Schwächen einzelner Verfahren ausgeglichen. Bei der Literaturrecherche wurde auf repräsentative Suchbegriffe geachtet. Aufgrund einer Vielzahl an ähnlichen Begrifflichkeiten konnte jedoch nicht der gesamte Betrachtungshorizont abgedeckt werden. Durch die nachfolgenden Experteninterviews wurden Lücken der Literaturrecherche identifiziert. Die Demonstration und Evaluation im DSRP stellen zusätzlich die Praxistauglichkeit sicher. Die aktuelle COVID-19-Pandemie verhinderte eine Durchführung von Präsenzveranstaltungen bei den Experteninterviews sowie Workshops zur Modelldemonstration. Zwar wurde dieser Nachteil durch die Nutzung digitaler Tools begrenzt, jedoch nicht vollständig ausgeglichen. Als weitere Limitation sind die kleinen Stichproben bei den Evaluationen anzuführen. Eine mögliche Ursache stellt bei der quantitativen Befragung der gewählte Umfragezeitpunkt während des Jahreswechsels dar. Durch einen späteren Termin hätte die Teilnehmerquote vermutlich erhöht werden können. Zudem wurden für die Expertenbefragung sowie die quantitative Umfrage die gleichen Teilnehmer adressiert. Eine Demonstration fand in der vorliegenden Arbeit nur in einem Versicherungsunternehmen statt. Ausgehend von der Arbeit ergeben sich Möglichkeiten zur weiteren Forschung. So kann das Modell bei weiteren Finanzdienstleistungsunternehmen angewandt werden, um dessen Vollständigkeit und Validität in der Praxis zu prüfen. Des Weiteren wurden Erfolgskriterien, nicht jedoch die Einflussstärke der einzelnen Dimensionen identifiziert. Diese könnte in nachfolgender Forschung untersucht werden.

Literaturverzeichnis

[ACMA20]   Alsheibani, S.A., Cheung, Y., Messom, C., Alhosni, M.: Winning AI Strategy: Six-Steps to Create Value from Artificial Intelligence. In: AMCIS 2020 Proceedings, AMCIS, 2020.

[AdKu19]   Addis, C., Kutar, M.: AI Management: An Exploratory Survey of the Influence of GDPR and FAT Principles. In: 2019 IEEE SmartWorld/SCALCOM/UIC/ATC/CBDCom/IOP/SCI, IEEE, Leicester, 2019.

[AlCM18]   Alsheibani, S., Cheung, Y., Messom, C.: Artificial Intelligence Adoption: AI-readiness at Firm-Level. In: Proceedings of Pacific Asia Conference on Information Systems, PACIS, 2018.

[AlCM19]   Alsheibani, S., Cheung, Y., Messom, C.: Factors Inhibiting the Adoption of Artificial Intelligence at organizational-level: A Preliminary Investigation. In: AMCIS 2019 Proceedings, AMCIS, Cancun, 2019.

[AlMC20]   Alsheibani, S., Messom, C., Cheung, Y.: Re-thinking the Competitive Landscape of Artificial Intelligence. In: Proceedings of the 53rd Hawaii 2020, Maui, 2020.

[AlUh16]   Altuntas, M., Uhl, P.: Industrielle Exzellenz in der Versicherungswirtschaft. Springer Fachmedien, Wiesbaden, 2016.

[Bake12]   Baker, J.: The Technology–Organization–Environment Framework. In: Dwivedi, Y.K., Wade, M.R., Schneberger, S.L., (Hrsg.): Information Systems Theory. Springer, New York, 2012, S. 231-245.

[Be++16]   Beer, S., Braun, A., Bühler, P., Eling, M., Maas, P., Reichel, L., Rüfenacht, M., Schaper, P., Schmeiser, H., Schreiber, F., Steiner, P.H.: Assekuranz 2025: Quo vadis?. Verlag Institut für Versicherungswirtschaft der Universität St. Gallen, St. Gallen, 2016.

[Bi++18]   Bierth, C., Friedrich, K., Linderkamp, T., Lohse, U., Schröder, M.: Zukunft der Versicherung – Versicherung der Zukunft. In: Zeitschrift für die gesamte Versicherungswissenschaft 107 (2) (2018), S. 127-141.

[BoDö06]   Bortz, J., Döring, N.: Forschungsmethoden und Evaluation: Für Human- und Sozialwissenschaftler. Springer, Heidelberg, 2006.

[Br++09]   Brocke, J.V., Simons, A., Niehaves, B., Reimer, K., Plattfaut, R., Cleven, A.: Reconstructing the giant: on the importance of rigour in documenting the literature search process. In: Proc 17th European conference on information systems, ECIS, Verona, 2009.

[Bu++18]   Bughin, J., Seong, J., Manyika, J., Chui, M., Joshi, R.: Notes from the AI frontier: Modeling the impact of AI on the world economy. 2018, https://www.mckinsey.com/featured-insights/artificial-intelligence/notes-from-the-ai-frontier-modeling-the-impact-of-ai-on-the-world-economy. Abruf am 2020-10-02

[DrPe17]   Dresing, T., Pehl, T.: Praxisbuch Interview, Transkription & Analyse: Anleitungen und Regelsysteme für qualitativ Forschende. Eigenverlag, Marburg, 2017.

[FoMS19]   Fountaine, T., Mccarthy, B., Saleh, T.: Building the AI-Powered Organization: Technology isn't the biggest challange. Culture is. In: Harvard Business Review 97(4) (2019), S. 62-73.

[GiBB20]   Van Giffen, B., Borth, D., Brenner, W.: Management von Künstlicher Intelligenz in Unternehmen. In: HMD Praxis der Wirtschaftsinformatik 57(1) (2020), S. 4-20.

[Helf19]   Helfferich, C.: Leitfaden- und Experteninterviews. In: Baur N., Blasius J. (Hrsg.): Handbuch Methoden der empirischen Sozialforschung. Springer VS, Wiesbaden, 2019, S. 669-686.

[HMPR04]   Hevner, A.R., March, S.T., Park, J., Ram, S.: Design Science in Information Systems Research. In: MIS Quarterly 28(1) (2004), S. 75-105.

[HoSa17]   Hosanagar, K., Saxena, A.: The First Wave of Corporate AI Is Doomed to Fail. 2017, https://hbr.org/2017/04/the-first-wave-of-corporate-ai-is-doomed-to-fail. Abruf am 2020-09-22

[JöWW21]   Jöhnk, J., Weißert, M., Wyrtki, K.: Ready or Not, AI Comes— An Interview Study of Organizational AI Readiness Factors. In: Business & Information Systems Engineering. Business & Information Systems Engineering 63 (2021), S. 5-20.

[KiCo17]   Kilbride, J., Connaughton, A.: From mystery to mastery: Unlocking the business value of Artificial Intelligence in the insurance industry. 2017, https://www2.deloitte.com/content/dam/Deloitte/xe/Documents/financial-services/Artificial-Intelligence-in-Insurance.pdf

[KrSi19]   Kreutzer, R.T., Sirrenberg, M.: Künstliche Intelligenz verstehen: Grundlagen – Use-Cases – unternehmenseigene KI-Journey. Springer Gabler, Wiesbaden, 2019.

[KrWB19] Kruse, L., Wunderlich, N., Beck, R.: Artificial Intelligence for the Financial Services Industry: What Challenges Organizations to Succeed. In: Proceedings of the 52nd Hawaii International Conference on System Sciences, ScholarSpace, Maui, 2019.

[Micr20] Microsoft: Putting principles into practice: How we approach responsible AI at Microsoft. 2020, https://query.prod.cms.rt.microsoft.com/cms/api/am/binary/RE4pKH5. Abruf am 2020-02-21

[MMFF20] Makarius, E.E., Mukherjee, D., Fox, J.D., Fox, A.K.: Rising with the machines: A sociotechnical framework for bringing artificial intelligence into the organization. In: Journal of Business Research 120 (2020), S. 262-273.

[MüAn20] Müller, U., Angele, J.: KI in der Finanzindustrie: Kunden anders erreichen, Prozesse anders denken. In: Gruhn, V., von Hayn, A. (Hrsg.): KI verändert die Spielregeln. Carl Hanser Verlag, München, 2020, S. 130-146.

[Pe++06] Peffers, K., Tuunanen, T., Gengler, C.E., Rossi, M., Hui, W., Virtanen, V., Bragge, J.: Design Science Research Process: A Model for Producing and Presenting Information Systems Research. In: Proceedings of the First International Conference on Design Science Research in Information Systems and Technology, DESRIST, Claremont, 2006.

[PuTH19] Pumplun, L., Tauchert, C., Heidt, M.: A New Organizational Chassis for Artificial Intelligence-Exploring Organizational Readiness Factors. In: Proceedings of the 27th European Conference on Information Systems, ECIS, Stockholm, 2019.

[RaGK17] Ransbotham, S., Gerbert, P., Kiron, D.: Reshaping Business With Artificial Intelligence: Closing the Gap Between Ambition and Action. 2017, https://sloanreview.mit.edu/projects/reshaping-business-with-artificial-intelligence/. Abruf am 2020-10-09

[ScHa19] Schuster, H., Hastenteufel, J.: Die Bankenbranche im Wandel: Status Quo und aktuelle Herausforderungen. Nomos, Baden-Baden, 2019.

[SoBr11] Sonnenberg C., Brocke J:V.: Evaluation Patterns for Design Science Research Artefacts. In: European Design Science Symposium, Springer, Leixlip, 2011

[ToFC90] Tornatzky, L.G., Fleischer, M., Chakrabarti, A.K.: The processes of technological innovation. Lexington Books, Lexington, MA, 1990.

[VeBh17] Verma, S., Bhattacharyya, S.S.: Perceived strategic value-based adoption of Big Data Analytics in emerging economy. In: Journal of Enterprise Information Management 30(3) (2017), S. 354-382.

[WaHe19] Wagner-Schelewsky, P., Hering, L.: Online-Befragung. In: N. Baur und J. Blasius (Hrsg.): Handbuch Methoden der empirischen Sozialforschung. Springer VS, Wiesbaden, 2019, S. 787-800.

[WFKT20] Wamba-Taguimdje, S.-L., Fosso Wamba, S., Kala Kamdjoug, J.R., Tchatchouang Wanko, C.E.: Influence of artificial intelligence (AI) on firm performance: the business value of AI-based transformation projects. In: Business Process Management Journal 27(7) (2020), S. 1893-1924.

Kontakt

Steffen Spliethoff
adesso SE (vormals Hochschule München)
Streitfeldstraße 25, 81673 München
T +49 152 38856210, steffen.spliethoff@adesso.de

Prof. Dr. Jörg Puchan
Hochschule München
Lothstraße 64, 80335 München
T +49 89 1265-3937, joerg.puchan@hm.edu

Dr. Martin Zsohar
VPV Versicherungen
Mittlerer Pfad 19, 70499 Stuttgart
T +49 711 1391-2105, martin.zsohar@vpv.de

Alles hat (s)einen Preis – Eine empirische Studie zur Preisdifferenzierung im Onlinehandel

Birte Malzahn, Verena Majuntke, Robin Streckies

Zusammenfassung

Preise im Onlinehandel sind im Vergleich zum stationären Handel sehr flexibel [SF++21]. Sie können im Laufe eines Tages mehrfach angepasst [Hoss19] oder auch kundenspezifisch individualisiert werden [SF++21]. In diesem Beitrag werden zunächst reale Fallbeispiele von Preisdifferenzierung im Internet ermittelt. Die Fallbeispiele dienen als Grundlage, um die Akzeptanz von Konsument*innen hinsichtlich verschiedener Formen der Preisdifferenzierung zu analysieren. Dies erfolgt in einer empirischen Untersuchung mit 120 Datensätzen. Die Ergebnisse zeigen, dass Konsument*innen die Fairness eines Preises und die Zufriedenheit mit einem Kauf in Abhängigkeit der Form der Preisdifferenzierung unterschiedlich bewerten. So wird eine Preisdifferenzierung aufgrund des Einkommens sowie des Kaufzeitpunkts eher akzeptiert als eine Preisdifferenzierung aufgrund des verwendeten Endgeräts für den Internetzugang.

1 Motivation und Lösungsansatz

Technische Möglichkeiten erlauben heute die Auswertung einer Vielzahl kundenindividueller Faktoren durch Onlinehändler [PrRR20]. Erstellte Kundenprofile auf Basis der Browsing-Historie können zum Ausspielen von Werbung verwendet werden, die auf die Interessen der Kund*innen zugeschnitten ist [BGRZ16]. Nutzen Onlinehändler ein erstelltes Kundenprofil zum Ableiten einer (vermuteten) Zahlungsbereitschaft, können darüber hinaus auch personalisierte Preise in Onlineshops aufgerufen werden [Hoss19]. Abzugrenzen sind dabei zwei Formen der Preisdifferenzierung: eine dynamische Preisänderung im Zeitverlauf [Hoss19] und eine personalisierte Preisdifferenzierung auf Basis individueller, kundenabhängiger Faktoren [SF++21]. Dynamische Preisdifferenzierung ist bei vielen Verbraucher*innen bekannt. So waren in einer Studie über die Hälfte der Befragten mit einer dynamischen Preisgestaltung der Benzinpreise an Tankstellen und über ein Drittel der Befragten mit einer dynamischen Preisgestaltung bei Elektrogeräten im Onlinehandel vertraut [KrKZ16]. Kritisch wird durch Konsument*innen v. a. eine personalisierte Preisbildung auf Basis von Kundenprofilen gesehen [KrKZ16]. Hier besteht die Gefahr einer Diskriminierung, da Preise aufgrund der Zugehörigkeit zu einer bestimmten Gruppe festgelegt werden [SF++21].
Untersuchungen zeigen, dass personalisierte Preisdifferenzierung bisher von Onlinehändlern weniger praktiziert wird als die technischen Möglichkeiten zulassen [SF++21], [ScHo16]. Dennoch zeigen diese Studien auch Fälle auf, in denen personalisierte Preisdifferenzierung praktiziert wurde [Dreb16], [ScHo16], [SF++21]. Vermutet wird, dass Onlinehändler diese Praktiken u. a. deshalb zögerlich einsetzen, da sie Bedenken hinsichtlich der Akzeptanz der Kund*innen haben [PrRR20]. Studien weisen zudem darauf hin, dass eine Preisdifferenz in Abhängigkeit von dem Grund der Preisdifferenzierung durch Konsument*innen unterschied-

lich bewertet wird [HaBe06], [PoZu19], [PrRR20]. Allerdings verwenden diese Studien konstruierte Fallbeispiele.

Ziel dieser Arbeit ist es, die Akzeptanz von Praktiken der Preisdifferenzierung im Kontext realer Fallbeispiele zu untersuchen. Zunächst werden anhand einer Literaturrecherche Fallbeispiele ermittelt, in denen eine Preisdifferenzierung für identische Leistungen / Produkte nachgewiesen werden konnte. Diese Fallbeispiele werden reproduziert und dienen dann als Basis einer empirischen Datenerhebung, in der überprüft wird, wie Konsument*innen auf diese unterschiedlichen Formen von Preisdifferenzierung reagieren. Hierbei wird insbesondere untersucht, wie Konsument*innen ihre Einschätzung hinsichtlich Preisfairness und Zufriedenheit mit dem Kauf *ändern*, wenn sie den *Grund* einer Preisdifferenz erfahren.

Aus Sicht der Forschung leistet dieses Paper einen Beitrag, indem reale Formen der Preisdifferenzierung als Basis der Untersuchung verwendet werden. Zudem wird die *Änderung* der Einschätzungen der Konsument*innen untersucht, die erfolgt, wenn der Grund einer Preisdifferenz mitgeteilt wird. Onlineanbieter können aus den Ergebnissen Schlüsse ziehen, welche realen Praktiken der Preisdifferenzierung eher akzeptiert werden. Zudem können sie ableiten, inwieweit eine transparente Kommunikation abhängig von der Art einer Preisdifferenzierung sinnvoll sein kann. Die Erkenntnisse können somit dabei unterstützen, unter Berücksichtigung der Kundenakzeptanz durch Preisdifferenzierung die Gewinnmarge zu erhöhen.

2 Grundlagen

2.1 *Begriffliche Grundlagen*

Die Kaufbereitschaft einer Person für eine Leistung hängt v. a. von zwei Faktoren ab: Vom Nutzen, die diese Person mit der Leistung verbindet, sowie von ihrem verfügbaren Einkommen [Sche20]. Typischerweise sinkt die aggregierte Nachfrage, wenn der Preis steigt, und umgekehrt [Sche20]. Bei einem einheitlichen Marktpreis kann ein Anbieter nicht zwischen einzelnen Konsument*innen differenzieren. Somit gibt es bei einem einheitlichen Marktpreis Konsument*innen, die bereit gewesen wären, mehr zu zahlen, aber nur den Marktpreis entrichten müssen; sie erzielen eine Konsumentenrente. Auf der anderen Seite gibt es Konsument*innen, bei denen eine Zahlungsbereitschaft zwischen den Grenzkosten des Anbieters und dem Marktpreis vorliegt. Diese konsumieren die Leistung nicht. Könnte der Anbieter jedem einzelnen dieser Konsument*innen eine Einheit der Leistung zu einem Preis entsprechend der individuellen Zahlungsbereitschaft verkaufen, d. h. eine Preisdifferenzierung vornehmen, würde er sich darauf einlassen, da jeder Preis oberhalb der Grenzkosten eine zusätzliche Produzentenrente für ihn bedeutet [Sche20].

In der Praxis lassen sich zwei unterschiedliche Formen der Preisdifferenzierung beobachten: Die dynamische und die personalisierte Preisdifferenzierung. Eine **dynamische Preisbildung** bedeutet die Anpassung von Preisen für ein Produkt im Zeitverlauf [Hoss19]. Charakteristisch im Internet ist die Schnelligkeit bzw. Häufigkeit der Preisanpassungen [Hoss19]. Eine dynamische Preisanpassung kann regelmäßig in Abhängigkeit von automatisiert ermittelten Konkurrenzpreisen erfolgen [Schl17], aber auch in Abhängigkeit von Lagerbeständen, Abverkaufsquoten oder des Wetters [Hoss19].

Personalisierte Preisdifferenzierung bedeutet, den Preis für ein Produkt oder eine Dienstleistung für einzelne Kund*innen individuell zu gestalten [Hoss19], [Schl17]. Personalisierte Preisdifferenzierung im Onlinehandel kann auf Basis von technischen Informationen wie der

Geolokation, dem genutzten Betriebssystem, der genutzten Hardware, aber auch z. B. auf Basis der Browser-Historie [BoHJ20], [Hoss19], [Schl17], [KrFS18] oder einer Kombination dieser Faktoren [PrRR20] erfolgen. Die gewonnenen Informationen werden mit Hilfe von automatisierten Algorithmen ausgewertet, um u. a. die Solvenz und damit Zahlungsbereitschaft der Kund*innen zu ermitteln [Hoss19], [PrRR20]. Auf Basis der Ergebnisse können personalisierte Preise im Onlineshop aufgerufen werden [Schl17]. Ziel dabei ist es, durch individuelle personenbezogene Preise für dieselbe Leistung unterschiedliche Zahlungsbereitschaften der Konsument*innen soweit wie möglich abzuschöpfen [Schl17], [Hoss19], [PrRR20]. Der **Individualisierungsgrad** des Preises drückt aus, zu welchem Ausmaß sich die Preisfestsetzung auf eine*n individuelle*n Kund*in fokusiert. Er kann variieren von individuellen Preisen für jede*n Kund*in auf Basis von persönlichen Eigenschaften wie dem Browserverlauf, über Preise für bestimmte Kundensegmente (z. B. Rabatte für Studierende, abhängig vom Standort) bis hin zu einem festen Preis für den gesamten Kundenstamm [PrRR20].

Eine große **Herausforderung** bei der Umsetzung personalisierter Preisdifferenzierung ist die Erstellung geeigneter Käuferprofile. Technische Parameter wie Endgerät oder Betriebssystem sind zwar einfach zu erfassen, weisen vermutlich aber eine geringere prognostische Kraft in Bezug auf die Preisbereitschaft auf als das Produktsuch- und Kaufverhalten wie die häufige Nutzung von Preissuchmaschinen [Schl17]. Ein Abschöpfen der Konsumentenrente ist zudem nur möglich, wenn Kund*innen kein günstigeres Angebot bei Wettbewerbern finden bzw. nicht danach suchen [Schl17], [Ruet15]. Aufwändigere Preisrecherchen sind eher bei höherpreisigen Gütern zu erwarten [ScHo16]. Personalisierte Preise sind zudem bei homogenen vergleichbaren Gütern schwieriger zu realisieren als bei komplexen Gütern wie Pauschalreisen [ScHo16].

2.2 *Stand der Forschung – Related Research*

Viele Studien beschäftigen sich mit den Auswirkungen von Preisdifferenzierung auf Konsument*innen [RHWH17]. Vorrangig wird dabei die durch die Kund*innen empfundene **Preisfairness** erforscht, da diese als Ausgangsbasis für deren resultierendes Verhalten gilt [RHWH17]. Das Konzept der Preisfairness wird schon seit vielen Jahren untersucht [CBBM21]. So stellten [XiMC04] heraus, dass die Fairness eines Preises als gering eingestuft wird, wenn *vergleichbare* Transaktionen *unterschiedlich* bepreist werden. Unterschiede können u. a. durch den Kaufzeitpunkt, den Vertriebsweg und durch Eigenschaften anderer Käufer*innen (z. B. Alter) vorliegen. In diesen Fällen verringert sich die Vergleichbarkeit der Transaktion, dies kann zur Erklärung von Preisunterschieden dienen. [ViFL19], [HXMH07] und [DaDa03] zeigten, dass die Preisfairness einen Einfluss auf die **Zufriedenheit mit einem Kauf** hat. [CBBM21] stellten zudem einen Zusammenhang zwischen der empfundenen Preisfairness und der Zufriedenheit von Kund*innen mit dem Anbieter dar.

Mit der Entwicklung neuer technischer Möglichkeiten zur automatisierten Festlegung dynamischer und personalisierter Preise [RHWH17], [ViFL19] hat sich das Forschungsfeld vor allem auf den Onlinehandel fokusiert. Die Ergebnisse von [LINK16] ergaben, dass bei Befragten nur geringe bewusste **Erfahrung** mit personalisierter Preisdifferenzierung im Onlinehandel vorliegt. Unter zehn Prozent der Befragten haben eine entsprechende Situation erlebt. Jüngeren Personen und regelmäßigen Internetnutzer*innen ist die Möglichkeit der personalisierten Preisanpassung eher bekannt [ThDi16]. Die geringe Erfahrung kann damit zusammenhängen, dass auch in Studien nur punktuell Praktiken personalisierter Preise festgestellt werden konnten: [ScHo16] stellten nur eine geringe **Verbreitung** von Preisdifferenzierung unter Verwendung von personenbezogenen Daten in Deutschland fest. Sie zeigten, dass Preise für

Pauschalreisen für Windows-Nutzer*innen günstiger als für Apple-Nutzer*innen waren. Des Weiteren ermittelten sie eine Preisdifferenzierung für ein Abonnement bei einem Online-Dating-Portal nach Einkommen. [ScHo16] stellten zudem im Bereich Mode eine Differenzierung nach Geolokation fest. Auch bei einem niederländischen Ferienhausanbieter konnte eine Preisanpassung nach Geolokation festgestellt werden [Dreb16]. [Koll19] berichtet über eine Studie, wonach bei lensbest.de, einem Anbieter für Kontaktlinsen, Kund*innen weniger für identische Produkte bezahlen, wenn sie auf die Seite über die Google-Suche gelangen, statt direkt darauf zuzugreifen. Eine Studie von [SF++21] hinsichtlich des deutschen E-Commerce-Marktes fand eine Preisdifferenzierung bei einem Reiseanbieter nach verwendetem Endgerät. Die **Beurteilung** dynamischer bzw. personalisierter Preise durch Kund*innen ist unterschiedlich [Hoss19], [PoZu19]. Eine *dynamische* Preisreduktion z. B. bei der Buchung einer Last-Minute-Reise ist bekannt und nachvollziehbar und wird daher eher nicht als unfair betrachtet. Dagegen können mehrmals täglich vorgenommene intransparente Preisänderungen negative Reaktionen hervorrufen [Hoss19].

Personalisierte Preisdifferenzierung wird überwiegend negativ bewertet [LINK16]. [HaBe06] zeigen, dass eine Preisdifferenz als weniger fair bewertet wird, wenn der Preis zwischen verschiedenen Personen variiert, als wenn er sich zwischen verschiedenen Zeitpunkten unterscheidet. Jedoch hat auch die Art der Personalisierung eines Preises einen Einfluss auf die Beurteilung durch Konsument*innen. [KrFS18] zeigen in einer Studie, dass mehr als 60 Prozent der Befragten Mengenrabatte akzeptieren. Nur ca. 15 Prozent der Konsument*innen akzeptieren Preismodelle, die auf Kundenprofilen (Such- und Kaufverhalten etc.) basieren [KrKZ16]. 90 Prozent der Konsument*innen lehnen eine personalisierte Preisdifferenzierung über technische Aspekte wie Endgerät, Betriebssystem oder Apps ab [LINK16]. Auch [PoZu19] stellten fest, dass Rabatte für Inhaber*innen von Kundenkarten oder Preisnachlässe für Studierende deutlich besser akzeptiert werden als eine Preisdifferenzierung nach Ort oder Endgerät. Individuell personalisierte Preise werden als weniger fair empfunden als eine Preisdifferenzierung nach Kundensegmenten, wenn die Sorge um die Privatsphäre stärker ausgeprägt ist [PrRR20]. Auch wird eine Preisdifferenzierung nach Aufenthaltsort als weniger fair eingeschätzt als eine Personalisierung nach Kaufhistorie [PrRR20]. Gründe für diese ablehnende Einschätzung sind die Intransparenz der Praktiken, ein Gefühl der Ungerechtigkeit, die Angst vor Ausspionierung [ThDi16] sowie die Verwendung unfreiwillig bzw. unwissentlich preisgegebener persönlicher Daten zum Vorteil des Onlinehändlers [Hoss19]. Es ist jedoch davon auszugehen, dass häufig kein entsprechender Preisvergleich stattfindet und Preisdifferenzen in der Realität unbemerkt bleiben [Schl17]. Wird die Personalisierung von Preisen jedoch erkannt, kann dies eine starke negative Beurteilung der Fairness durch Kund*innen hervorrufen [PrRR20]. Mögliche **Reaktionen** der Kund*innen auf nicht nachvollziehbare oder als unfair erachtete Preisdifferenzierungen reichen von Verunsicherung, zu einem Verzicht auf den Kauf bis hin zu Unzufriedenheit, negativer Mund-zu-Mund-Propaganda und Boykott [Schl17], [Hoss19]. Trotz der möglichen Profitabilität scheinen Unternehmen deshalb zu zögern, personalisierte Preise festzulegen [PrRR20].

3   Datenerhebungen und Ergebnisse

Im Rahmen dieser Arbeit wurden zunächst einzelne aktuelle Beispiele der Preisdifferenzierung erhoben. Dafür wurden Fallbeispiele der Literatur entnommen und auf den Internetseiten der Anbieter reproduziert. Anschließend wurde mit einer quantitativen empirischen Datenerhebung auf Basis dieser realen Fallbeispiele die Einstellung von Konsument*innen zu verschiedenen Formen der Preisdifferenzierung untersucht und miteinander verglichen. Im Folgenden werden die Vorgehensweise zu beiden Datenerhebungen genauer beschrieben und die jeweiligen Ergebnisse dargestellt.

3.1 Durchführung der Datenerhebung im Internet und Ergebnisse

U. a. basierend auf den Ausarbeitungen von [SF++21], [ScHo16] und [Koll19] wurden im Februar 2021 die Onlineangebote von parship.de, booking.com, lensbest.de und amazon.de auf die Anwendung von Preisdifferenzierungsmethoden untersucht. Die Ergebnisse wurden dokumentiert und dienten als realistische Fallbeispiele der späteren empirischen quantitativen Datenerhebung. Die Untersuchung ergab folgende Ergebnisse:

parship.de: Auf der Webseite der Online-Partnervermittlung konnte die Anwendung der Preisdifferenzierung nachgewiesen werden. Bei der Erstellung eines Profils müssen Nutzer*innen neben ihren persönlichen Daten auch ihren Beruf sowie das jährliche Einkommen angeben. Ein höheres angegebenes Einkommen spiegelte sich in einem steigenden monatlichen Preis der Premium-Mitgliedschaft wider: So lag der Monatspreis für ein Abonnement bei Angabe eines jährlichen Bruttoeinkommens zwischen 75.000-100.00 Euro bei 32,95 Euro, und bei Angabe eines jährlichen Bruttoeinkommens bis zu 5000 Euro bei 12,95 Euro. Eine Preisdifferenzierung ist vermutlich deshalb durchsetzbar, da die Preise nicht unmittelbar einsehbar sind, sondern erst nach Eingabe einer Vielzahl von Daten angezeigt werden. Da es sich zudem um eine nicht homogene Leistung handelt, ist ein Vergleich mit Konkurrenzprodukten schwer möglich.

booking.com: Das Online-Reiseportal setzt ebenfalls Methoden der Preisdifferenzierung ein. Dabei hat das verwendete Endgerät der Verbraucher*innen einen Einfluss auf den angebotenen Preis. So existierten Angebote, die booking.com nur Mobilgerätnutzer*innen zur Verfügung stellt. Eine entsprechende Kennzeichnung wird vom Portal dargestellt, jedoch nur, wenn ein Mobilgerät genutzt wurde. Als Beispiel wurde ein Preis von 354 Euro für eine viertägige Reise nach Holland für 2 Personen bei Zugriff mit einem Laptop ermittelt, während bei Zugriff mit einem Mobilgerät 318 Euro aufgerufen wurden. Eine Preisdifferenzierung ist vermutlich durchsetzbar, da davon ausgegangen wird, dass Kund*innen nicht zeitgleich mit unterschiedlichen Gerätetypen auf ein Angebot zugreifen. Zudem handelt es sich um ein komplexes Produkt, das schwer mit ähnlichen Produkten vergleichbar ist.

lensbest.de: Auch dem Online-Optiker konnte eine Preisdifferenzierung nachgewiesen werden. Nutzer*innen, die den Kauf einer Kontaktlinsenvariation direkt über die Webseite ausführen, wird ein höherer Preis dargestellt als Nutzer*innen, die die Google-Shopping-Funktion nutzen. Es ließ sich dabei für ein Kontaktlinsenprodukt ein Preisunterschied in Höhe von sieben Euro beobachten. Die Preisdifferenzierung erfolgt somit anhand des Suchverhaltens der Kund*innen. Bei Kontaktlinsen handelt es sich um ein homogenes Produkt. Bei Nutzung der Google-Shopping-Funktion ist eher davon auszugehen, dass ein Preisvergleich mit Konkurrenzprodukten vorgenommen wird.

Die Fallbeispiele personalisierter Preisdifferenzierung basierend auf den Arbeiten von [SF++21], [ScHo16] und [Koll19] (s. Kapitel 2.2) konnten bei einer Überprüfung des jeweiligen Internetangebots reproduziert werden und waren somit als Basis der späteren quantitativen Datenerhebung geeignet. Wie bereits in anderen Studien gezeigt [ScHo16] [SF++21], kann personalisierte Preisdifferenzierung nur vereinzelt beobachtet werden. Die Ermittlung typischer Muster, z. B. hinsichtlich der Höhe der Preisdifferenzen für bestimmte Produktgruppen, ist daher nicht möglich.

amazon.de: Die Nutzung der *dynamischen* Preisdifferenzierung konnte auf der Plattform von Amazon beobachtet werden. Exemplarisch ließ sich das Preissetzungsverhalten an der 2-in-1-Mikrowelle der Marke Sharp nachweisen. Der Preis des Gerätes belief sich am 17.02.2021 auf 89,99 Euro und am 24.02.2021 auf 79,23 Euro, was einer Preissenkung von ca. 12 Prozent entspricht. Eine solche dynamische Preisdifferenzierung lässt sich in einer Vielzahl ähnlicher Fälle täglich beobachten. Die Höhe der dynamischen Preisdifferenzen variiert dabei stark in Abhängigkeit z. B. des Produkts oder der Saison; sie kann zwischen einstelligen Centbeträgen und dreistelligen Eurobeträgen liegen.

3.2 *Aufbau der quantitativen empirischen Datenerhebung*

Die quantitative empirische Datenerhebung wurde in Form eines Szenarien-Experiments [RHWH17] [ViFL19] kombiniert mit einer Befragung anhand der in Kapitel 3.1 identifizierten Fälle von Preisdiskriminierung durchgeführt. Folgende Forschungsfragen sollten beantwortet werden:

1. Ändert sich die Bewertung der Preisfairness und der Zufriedenheit mit einem Kauf aus Sicht von Konsument*innen, wenn sie den Grund einer erfahrenen Preisdifferenzierung kennen?
2. Lassen sich dabei Unterschiede zwischen verschiedenen Formen der Preisdifferenzierung feststellen?
3. Lassen sich Unterschiede bei Befragten in Abhängigkeit des Alters, der durchschnittlichen täglichen Internetnutzung oder in Abhängigkeit der Sorge um die eigene Privatsphäre im Internet beobachten?

Die Studie wurde mithilfe des Online-Tools *SoSciSurvey* umgesetzt. Jedem Teilnehmenden wurden drei Szenarien SZ1, SZ2 und SZ3 (s. Tab. 1) vorgestellt, die sich auf die zuvor ermittelten Fälle von Preisdiskriminierung beziehen (vgl. Kap. 3.1). Die Fälle wurden nur inhaltlich dargestellt, auf die Nennung der Anbieternamen wurde im Rahmen der Umfrage verzichtet. Um die Befragten quantitativ nicht zu überfordern, wurde auf das Fallbeispiel des Online-Optikers verzichtet.

Jedes Szenario folgte demselben Aufbau: In Teil A jedes Szenarios wurde der Kontext beschrieben und das „eigene" Onlineangebot dargestellt. Zudem wurde das *preislich attraktivere, inhaltlich jedoch identische* Onlineangebot *eines Bekannten* ohne weitere Kontextinformation präsentiert. Die Teilnehmenden sollten auf Basis der gegebenen Informationen die Fairness ihres Angebotspreises und ihre Zufriedenheit mit dem (potentiellen) Kauf des Produkts bewerten (SZ1A, SZ2A und SZ3A). In Teil B jedes Szenarios wurden die Angebote nochmals vergleichend dargestellt und der Grund der Preisdifferenzierung dargelegt. Die Teilnehmenden wurden aufgefordert, in Anbetracht der neuen Informationen nochmals die Fairness ihres Angebotspreises und ihre Zufriedenheit mit dem (potentiellen) Kauf des Produkts zu bewerten (SZ1B, SZ2B und SZ3B). Die Szenarien wurden somit in der Reihenfolge SZ1A, SZ1B, SZ2A, SZ2B, SZ3A und SZ3B durchlaufen.

Das *erste* Szenario stellte den Fall der Partnervermittlung dar, bei dem der Preis für ein Abonnement vom angegebenen Einkommen abhängig ist. Der Preis für den Befragten wurde mit 32,95 Euro angegeben, der Preis eines Bekannten mit 12,95 Euro. Das *zweite* Szenario stellte den Kauf einer Mikrowelle dar, bei dem der Preis je nach Kaufzeitpunkt unterschiedlich war. Als Preis für den Befragten wurden 89,99 Euro angegeben, als Preis eines Bekannten, der zu einem anderen Zeitpunkt kaufte, ein Preis von 79,23 Euro. Im *dritten* Szenario variierte der Preis einer 4-tägigen Reise nach Holland für 2 Personen auf einem Onlineportal abhängig vom verwendeten Endgerät: Als Preis des Befragten ergaben sich 354 Euro bei Zugriff mit einem Laptop, 318 Euro war das Angebot für eine Bekannte bei Zugriff mit einem Mobilgerät. Einen Überblick über alle Testszenarien zeigt Tab. 1.

	SZ1: Preisdifferenzierung nach Einkommen (Partnerbörse)	**SZ2**: Dynam. Preisdifferenzierung nach Kaufzeitpunkt (Mikrowelle)	**SZ3**: Preisdifferenzierung nach verwendetem Endgerät (Reise)
Teil A: Grund der Preisdifferenzierung unbekannt	SZ1A	SZ2A	SZ3A
Teil B: Grund der Preisdifferenzierung bekannt	SZ1B	SZ2B	SZ3B

Tab. 1: Übersicht Testszenarien

Konstrukt	Items	Quelle
Preisfairness: Wie bewerten Sie Ihren eigenen Angebotspreis?	fair	[DaDa03]
	fraglich	
	gerechtfertigt	
	Abzocke	
Zufriedenheit mit dem Kauf: Wie würden Sie sich fühlen, wenn Sie das Produkt gekauft hätten?	zufrieden	In Anlehnung an [DaDa03]
	erfreut	
	enttäuscht	
	unglücklich	
Sorge bzgl. der **Privatsphäre** im Internet	Verglichen mit anderen bin ich sensibler bezüglich der Weise, in der Onlineunternehmen mit meinen persönlichen Informationen umgehen.	[MaKA04]
	Für mich ist es am wichtigsten, meine Privatsphäre vor Onlineunternehmen zu bewahren.	
	Ich denke, dass andere Leute zu besorgt sind über die Privatsphäre im Internet.	
	Verglichen mit anderen Dingen, über die ich nachdenke, ist meine persönliche Privatsphäre sehr wichtig für mich.	

Tab. 2: Übersicht Items

Nach Durchlaufen der drei Szenarien wurden die Teilnehmenden zu ihrer Einstellung zur Privatsphäre im Internet und ihrer durchschnittlichen Internetnutzung am Tag befragt. Auch wurden soziodemographische Daten (Alter, Geschlecht und Beruf) erhoben.

Die verwendeten Items für die Konstrukte Preisfairness, Zufriedenheit mit dem Kauf und Sorge um die Privatsphäre im Internet sind in Tab. 2 dargestellt (zur grauen Markierung einzelner Items s. Kap. 3.3). Die Items von Preisfairness, Zufriedenheit mit dem Kauf und die Einstellung zur Privatsphäre wurden jeweils mit einer 5-Punkt-Likert-Skala mit den Ausprägungen trifft nicht zu (1), trifft weniger zu (2), teils – teils (3), trifft eher zu (4), trifft zu (5) gemessen. Das Ausmaß der Internetnutzung wurde in einer vierstufigen Skala getrennt nach Wochen- und Wochenendtagen erfasst (weniger als 1 Stunde, mindestens 1 aber weniger als 3 Stunden, mindestens 3 aber weniger als 5 Stunden, mindestens 5 Stunden täglich).

3.3 Durchführung der quantitativen empirischen Datenerhebung und Ergebnisse

Die Umfrage wurde am 05.03.2021 veröffentlicht und der Aufruf zur Teilnahme über soziale Medien verteilt, v. a. im Umfeld der Hochschule. Die Teilnahme an einer Verlosung von drei Amazon-Gutscheinen im Wert von jeweils 25 Euro war optional für die Befragten. Die Umfrage wurde am 10.03.2021 geschlossen. Es nahmen 121 Personen teil. Eine Person war unter 18 Jahre alt; der entsprechende Datensatz wurde ausgeschlossen. Insgesamt flossen 120 Datensätze in die Auswertung ein. Das Durchschnittsalter der Befragten lag bei 32 Jahren. 60 Teilnehmende waren weiblich, 59 Teilnehmende waren männlich, ein Befragter divers. 0,8 Prozent waren Schüler*innen, 5 Prozent in Ausbildung, 45,8 Prozent Studierende, 35,8 Prozent Angestellte, 5,8 Prozent Beamte, 1,7 Prozent Selbstständige, 3,3 Prozent Rentner*in / Pensionär*in und 0,8 Prozent gaben als Beruf Hausfrau an.

Die Antwortskalen der negativ formulierten Items der Preisfairness und der Zufriedenheit mit dem Kauf (in Tab. 2 grau hinterlegt) wurden vor der Auswertung invertiert, sodass bei allen Items ein niedriger Zustimmungswert mit einer negativen Bewertung und ein hoher Zustimmungswert mit einer positiven Bewertung verbunden ist. Auch die Antwortskala des dritten Items zur Privatsphäre (s. Tab. 2) wurde invertiert, sodass bei allen Items ein niedriger Zustimmungswert mit einer geringeren Sorge und ein höherer Zustimmungswert mit einer größeren Sorge um die Privatsphäre im Internet verbunden ist. Für alle Items wurden Mittelwerte berechnet und daraus ein Mittelwert je Konstrukt (Preisfairness und Zufriedenheit mit dem Kauf) abgeleitet. Dies erfolgte für alle sechs Szenarien. Zudem wurde auch jeweils die durchschnittliche Standardabweichung bestimmt.

Szenario (A)	Mittelwert	St.-Abw.	Szenario (B)	Mittelwert	St.-Abw.
SZ1A	1,53	0,89	SZ1B	2,58	1,26
SZ2A	2,21	1,21	SZ2B	2,71	1,21
SZ3A	2,29	1,23	SZ3B	1,69	0,99

Tab. 3 Bewertung der **Preisfairness**: Mittelwerte u. St.-Abw. nach Szenarien

Tab. 3 zeigt die berechneten Mittelwerte und die Standardabweichungen für die *Bewertung der Preisfairness*. Die Standardabweichung liegt mit Werten zwischen 0,89 und 1,26 in einem moderaten Bereich. Insgesamt zeigt sich bei einer Skala von 1 (trifft nicht zu) bis 5 (trifft zu), dass die Preisfairness mit Mittelwerten zwischen 1,53 und 2,71 eher niedrig eingestuft wird. Dies deckt sich mit den Ergebnissen von [PoZu19], dass Preisdifferenzierung von Konsument*innen als eher negativ wahrgenommen wird, insbesondere, wenn diese nicht zum eigenen Vorteil ist. Jedoch wird deutlich, dass die Bewertung der Preisfairness in den ersten beiden Szenarien (Differenzierung nach Einkommen bzw. Zeitpunkt) nach Mitteilung des Grundes der Preisdifferenzierung (Teil B) durchschnittlich *steigt*, während die Beurteilung der Preisfairness im dritten Szenario (Differenzierung nach Gerät) in Teil B im Durchschnitt *sinkt*. Die Resultate der ersten beiden Szenarien lassen sich durch die Aussagen von [Hoss19] und [XiMC04] erklären: Ohne Informationen hinsichtlich der Gründe der Preisdifferenzierung liegen aus Sicht der Konsument*innen vergleichbare Transaktionen vor. Sind für diese unterschiedliche Preise zu zahlen, wird dies als unfair empfunden. Sind die Gründe der Preisdifferenzierung dagegen bekannt, werden die Preise als fairer eingestuft, da Preisdifferenzen erklärbar sind. Eine Akzeptanz von Preisnachlässen für einkommensschwächere Personen konnten auch [PoZu19] ermitteln. Die Ergebnisse des zweiten Szenarios stimmen auch mit den Aussagen von [Hoss19] überein, dass Preisschwankungen im Zeitablauf Konsument*innen auch aus Offline-Szenarien bekannt und somit erklärbar sind. Die Beobachtungen des dritten Szenarios stimmen mit den Ergebnissen von [LINK16] überein, die besagen, dass 90 Prozent der Konsument*innen eine personalisierte Preisdifferenzierung über technische Aspekte wie Endgeräte ablehnen. Auch [PoZu19] zeigten auf, dass von verschiedenen Formen der Preisdifferenzierung die Differenzierung nach Endgerät am wenigsten akzeptiert wird. Somit ist plausibel, dass in diesem Szenario die Bewertung der Preisfairness nach Bekanntgabe des Grundes sinkt.

Auffällig ist zudem, dass die durchschnittliche Bewertung der Preisfairness im zweiten und dritten Szenario *vor* der Mitteilung des Grundes der Preisdifferenzierung (SZ2A und SZ3A) höher ist als im ersten Fall (SZ1A). Hier kann davon ausgegangen werden, dass die Befragten nach Durchlaufen des ersten Szenarios darauf vorbereitet waren, dass eine nachträgliche Information hinsichtlich des Grundes der Preisdifferenz ihre Bewertung positiv beeinflussen könnte. Da die Fälle unterschiedliche Szenarien beschreiben (unterschiedliche Produkte / Leistungen, verschiedene Preisdifferenzen), sollen die Werte der Szenarien ansonsten nicht absolut verglichen werden.

Szenario (A)	Mittelwert	St.-abw.	Szenario (B)	Mittelwert	St.-abw.
SZ1A	1,67	0,98	SZ1B	2,46	1,19
SZ2A	2,46	1,14	SZ2B	2,62	1,20
SZ3A	2,59	1,26	SZ3B	1,94	1,09

Tab. 4 Bewertung der Zufriedenheit mit dem Kauf: Mittelwerte u. St.-Abw. nach Szenarien

Tab. 4 gibt die Mittelwerte und entsprechende durchschnittliche Standardabweichungen der *Zufriedenheit mit dem Kauf* für alle Testszenarien an. Die Standardabweichung liegt mit Werten zwischen 0,98 und 1,26 in einem moderaten Bereich.

Insgesamt zeigt sich auf einer Skala von 1 (trifft nicht zu) bis 5 (trifft zu), dass auch die Zufriedenheit mit dem Kauf mit Mittelwerten zwischen 1,67 und 2,62 eher als niedrig eingestuft wird. Vergleichbar mit der Bewertung der Preisfairness *steigt* die Zufriedenheit mit dem Kauf in den ersten beiden Szenarien nach Mitteilung des Grundes der Preisdifferenzierung im Durchschnitt, während sie im dritten Szenario nach Mitteilung des Grundes der Preisdifferenzierung *sinkt*. Auch hier wird die Zufriedenheit mit dem Kauf in den Szenarien SZ2A und SZ3A höher eingeschätzt als im Szenario SZ1A. Analog ist davon auszugehen, dass die Befragten nach Durchlaufen des ersten Szenarios mit einer entsprechenden Information rechneten und somit bereits vor Kenntnis des Grundes der Preisdifferenzierung die Zufriedenheit höher einschätzten als im ersten Szenario.

Die Daten deuten des Weiteren darauf hin, dass die Zufriedenheit mit dem (imaginären) Kauf mit der Beurteilung der Preisfairness in Zusammenhang steht. Die Änderungen der Bewertungen verlaufen in ähnlichen Mustern. Dieser Zusammenhang stimmt mit den Erkenntnissen von [ViFL19], [HXMH07] und [DaDa03] überein, dass die Zufriedenheit mit dem Kauf durch die eingeschätzte Preisfairness beeinflusst wird.

Anders als bei [PrRR20] lassen die Ergebnisse keinen Zusammenhang zwischen dem Ausmaß der Sorge um die Privatsphäre und der Einschätzung der Preisfairness erkennen, es zeigte sich auch kein Zusammenhang zur Zufriedenheit mit dem Kauf. Darüber hinaus konnten keine relevanten Unterschiede bei Befragten mit eher hoher bzw. eher niedriger durchschnittlicher Internetnutzung ermittelt werden. Eine Unterscheidung nach Altersgruppen zeigte in Tendenzen Unterschiede der Bewertungen auf. Da die oberen Altersgruppen jedoch nicht sehr stark vertreten waren (nur 10 Prozent der Befragten waren älter als 50 Jahre), war die Datengrundlage für belastbare Aussagen nicht ausreichend. Auf eine detaillierte Darstellung der entsprechenden Ergebnisse wird an dieser Stelle verzichtet.

4 Evaluierung und Diskussion der Ergebnisse und des Vorgehens

Die Ergebnisse zeigen, dass die Preisfairness und die Zufriedenheit mit einem Kauf bei den ersten beiden Szenarien (Preisdifferenzierung nach Einkommen und Preisdifferenzierung nach Kaufzeitpunkt) *besser* eingestuft wurden, sobald die Gründe der Preisdifferenzen bekannt waren. Dies deckt sich mit den Erkenntnissen von [Hoss19] und [XiMC04], dass eine Preisdifferenz eher akzeptiert wird, wenn Unterschiede zwischen den Transaktionen erkennbar sind. Im dritten Szenario wurde der Grund der Preisdifferenzierung – das verwendete Gerät für den Internetzugriff – mehrheitlich so gering akzeptiert, dass sich die Bewertung der Preisfairness und die Zufriedenheit mit dem Kauf sogar verschlechterten gegenüber der Situation, in der noch keine Informationen hinsichtlich des Grundes der Preisdifferenzierung vorlagen. Dies deckt sich mit den Erkenntnissen von [LINK16], dass Konsument*innen eine personalisierte Preisdifferenzierung über technische Aspekte wie dem Endgerät mehrheitlich ablehnen.

Personalisierte Preisdifferenzierung scheint derzeit noch nicht stark verbreitet, obwohl die technischen Möglichkeiten dazu vorhanden sind. Die Personalisierung von Preisen hat für den Onlinehandel im Hinblick auf Gewinnmaximierung jedoch großes Potenzial. Die Ergebnisse können für Unternehmen ein Hinweis darauf sein, bei welchen Formen der Preisdifferenzierung eine transparente Kommunikation zu einer Verbesserung der Akzeptanz durch Konsument*innen führen könnte. Sichtbar wurde eine solche Kommunikation bei der Vorgehensweise von booking.com, bei der der günstigere Preis für Nutzer*innen eines Mobilgeräts entsprechend ausgewiesen wurde. Die empirische Datenerhebung weist jedoch darauf hin, dass bei dieser Form der Preisdifferenzierung eine schlechtere Akzeptanz resultieren kann, wenn der Grund bekannt wird. Um keine negativen Reaktionen von Seiten der Kund*innen wie beispielsweise eine Abkehr vom Unternehmen hervorzurufen, sollten Formen der personalisierten Preisdifferenzierung grundsätzlich nur wohlüberlegt eingesetzt werden.

Die durchgeführte Studie weist folgende Einschränkungen auf: Das durchschnittliche Alter der Befragten war mit 32 Jahren eher gering, was die Ergebnisse beeinflusst haben könnte. Ein Großteil der Teilnehmenden waren Studierende, auch hier ist ein Effekt auf die Ergebnisse denkbar. Zudem durchliefen die Proband*innen während der Befragung mehrere Szenarien nacheinander; die im Verlauf der Studie gewonnenen Erkenntnisse könnten die späteren Antworten beeinflusst haben. In weiteren Studien sollte tiefergehend untersucht werden, inwiefern die Sorge um die Privatsphäre im Internet sowie das Ausmaß der Internetnutzung eine Auswirkung auf die Einstellungen von Konsument*innen zu Praktiken der Preisdifferenzierung haben kann. Auch könnten bei Realisierung einer Stichprobe mit einer gleichmäßigen Verteilung über alle Altersgruppen Auswirkungen des Alters untersucht werden. Die Ergebnisse könnten zudem präzisiert werden, indem mehrere Stichproben erhoben werden, denen jeweils nur ein Szenario vorgegeben wird. Dadurch könnte eine Beeinflussung der Antworten durch Erkenntnisse aus früheren Szenarien vermieden werden.

Literaturverzeichnis

[BoHJ20] Boßow-Thies, Silvia; Hofmann-Stölting, Christina; Jochims, Heike: Das Öl des 21. Jahrhunderts – Strategischer Einsatz von Daten im Marketing. In: Boßow-Thies, Silvia; Hofmann-Stölting, Christina; Jochims, Heike (Hrsg.): Data-driven Marketing: Insights aus Wissenschaft und Praxis. Springer Fachmedien Wiesbaden; Imprint: Springer Gabler, Wiesbaden, 2020, S. 3–26.

[BGRZ16] Budak, Ceren; Goel, Sharad; Rao, Justin; Zervas, Georgius: Understanding Emerging Threats to Online Advertising. In: Proceedings of the 2016 ACM Conference on Economics and Computation, 2016, S. 561-578.

[CBBM21] Chubaka Mushagalusa, Nathan; Balemba Kanyurhi, Eddy; Bugandwa Mungu Akonkwa, Deogratias; Murhula Cubaka, Patrick: Measuring Price Fairness and its Impact on Consumers' Trust and Switching Intentions in Microfinance Institutions. In: Journal of Financial Services Marketing, 2021, S. 1-25.

[DaDa03] Darke, Peter R.; Dahl, Darren W.: Fairness and Discounts: The Subjective Value of a Bargain. In: Journal of Consumer Psychology, 3, 13 (2003), S. 328-338.

[Dreb16] Drebes, Jan: Landal GreenParks - Hier zahlen Deutsche mehr. 2016, URL: https://rp-online.de/leben/reisen/news/landal-greenparks-hier-zahlen-deutsche-mehr_aid-19785787. Abruf am 19-03-2021.

[HaBe06] Haws, Kelly L.; Bearden, William O.: Dynamic Pricing and Consumer Fairness Perceptions. In: Journal of Consumer Research, 33 (2006), S. 304-311.

[HXMH07] Herrmann, Andreas; Xia, Lan; Monroe, Kent B.; Huber, Frank: The Influence of Price Fairness on Customer Satisfaction: An Empirical Test in the Context of Automobile Purchases. In: Journal of Product & Brand Management, 1, 16 (2007), S. 49-58.

[Hoss19] Hossel, Sarah: Individualisierte Preise und Dynamic Pricing im Internet. In: Winnen, Lothar; Rühle, Alexander; Wrobel, Alexander (Hrsg.): Innovativer Einsatz digitaler Medien im Marketing: Analysen, Strategien, Erfolgsfaktoren, Fallbeispiele. Springer Fachmedien, Wiesbaden, 2019, S. 19–27.

[Koll19] Kollmann, Tobias: E-Business: Grundlagen elektronischer Geschäftsprozesse in der Digitalen Wirtschaft. Springer Gabler, Wiesbaden, 2019.

[KrFS18] Krämer, Andreas; Friesen, Mark; Shelton, Tom: Are Airline Passengers Ready for Personalized Dynamic Pricing? A Study of German Consumers. In: Journal of Revenue and Pricing Management, 2, 17 (2018), S. 115-120.

[KrKZ16] Krämer, Andreas; Kalka, Regine; Ziehe, Nikola: Personalisiertes und dynamisches Pricing aus Einzelhandels- und Verbrauchersicht. In: Marketing Review St. Gallen, 6 (2016), S. 28-37.

[LINK16] LINK Institut für Markt und Sozialforschung GmbH: Abschlussbericht zum Projekt: Repräsentative Verbraucherbefragung in der Gruppe der Internetnutzer im Auftrag des Bundesministeriums der Justiz und für Verbraucherschutz (BMJV), Berlin, 2016.

[PoZu19] Poort, Joost; Zuiderveen Borgesius, Frederik J.: Does Everyone Have a Price? Understanding People's Attitude towards Online and Offline Price Discrimination. In: Internet Policy Review, 1, 8 (2019)

[PrRR20] Priester, Anna; Robbert, Thomas; Roth, Stefan: A Special Price just for You: Effects of Personalized Dynamic Pricing on Consumer Fairness Perceptions. In: Journal of Revenue and Pricing Management, 2, 19 (2020), S. 99-112.

[RHWH17]	Reinartz, Werner; Haucap, Justus; Wiegand, Nico; Hunold, Matthias: Preisdifferenzierung und -dispersion im Handel. Ausgewählte Schriften der IFH-Förderer, Band 6, 2017.
[Ruet15]	Rueter, Thad: How Prime Acts as a Tie that Binds Consumers to Amazon. 2015, URL: https://www.digitalcommerce360.com/2015/04/02/how-prime-acts-tie-binds-consumers-amazon/. Abruf am 19-03-2021.
[Sche20]	Scheufen, Marc: Angewandte Mikroökonomie und Wirtschaftspolitik: Mit einer Einführung in die ökonomische Analyse des Rechts. Springer Gabler, Berlin, 2020.
[Schl17]	Schleusener, Michael: Personalisierte Preise im Handel – Chancen und Herausforderungen. In: Stüber, Eva.; Hudetz, Kai. (Hrsg.): Praxis der Personalisierung im Handel: Mit zeitgemäßen E-Commerce-Konzepten Umsatz und Kundenwert steigern. Springer Gabler, Wiesbaden, 2017, S. 71–89.
[ScHo16]	Schleusener, Michael; Hosell, Sarah: Personalisierte Preisdifferenzierung im E-Commerce. In: Marketing Review St. Gallen, 6, 33 (2016), S. 20-27.
[SF++21]	Seidenschwarz, Holger; Faltermeier, Johann; Wierer, Quirin; Deichner, Nils; Wittmann, George; Beer, Andreas; Schenkl, Johann: Empirie zu personalisierten Preisen im E-Commerce - Abschlussbericht zu einer Studie im Auftrag des Bundesministeriums der Justiz und für Verbraucherschutz (BMJV), Regensburg, 2021.
[ThDi16]	Thorun, Christian; Diels, Jana: Was Verbraucherinnen und Verbraucher in NRW über individualisierte Preise im Online-Handel denken - Abschlussbericht für das Ministerium für Klimaschutz, Umwelt, Landwirtschaft, Natur- und Verbraucherschutz (MKULNV) des Landes NRW, Berlin, 2016.
[ViFL19]	Victor, Vijay; Fekete-Farkas, Maria; Lakner, Zoltan: Consumer Attitude and Reaction towards Personalised Pricing in the E-Commerce Sector. In: Journal of Management and Marketing Review, 2, 4 (2019), S. 140-148.
[XiMC04]	Xia, Lan; Monroe, Kent B.; Cox, Jennifer L.: The Price Is Unfair! A Conceptual Framework of Price Fairness Perceptions. In: Journal of Marketing, 68 (2004), S. 1-15.

Kontakt

Prof. Dr. Birte Malzahn
Hochschule für Technik und Wirtschaft
Treskowallee 8, 10318 Berlin
Birte.Malzahn@htw-berlin.de

Prof. Dr. Verena Majuntke
Hochschule für Technik und Wirtschaft
Treskowallee 8, 10318 Berlin
Verena.Majuntke@HTW-Berlin.de

Robin Streckies
Hochschule für Technik und Wirtschaft
Treskowallee 8, 10318 Berlin
robin.streckies@Student.HTW-Berlin.de

Wissenschaftliche Literaturauswertung mit Hilfe von Text Mining am Beispiel von Empfehlungssystemen

Andreas Peuker, Thomas Barton

Zusammenfassung

Aufgrund der steigenden Anzahl an Publikationen wachsen die Komplexität und der Arbeitsaufwand zur Durchführung einer wissenschaftlichen Literaturrecherche. Dabei ist die Sichtung von Dokumenten sowie die Analyse von deren Inhalten mit manuellen Aktivitäten verbunden, die typischerweise nur sehr zeitaufwendig durchzuführen sind. Um diesen Problemen entgegenzuwirken, liegt es nahe, die Durchführung einer wissenschaftlichen Literaturauswertung mittels Machine Learning zu unterstützen. Im Rahmen dieses Beitrags soll gezeigt werden, wie eine wissenschaftliche Literaturauswertung durch die Extraktion und Analyse von Schlüsselwörtern unterstützt werden kann. Dies erfolgt exemplarisch am Beispiel von Empfehlungssystemen.

1 Einführung

Eine Literaturauswertung kennzeichnet den Prozess zur systematischen Recherche, Beschaffung und Auswertung von relevanten Quellen und deren Inhalte für eine bestimmte Fragestellung [BoSP12]. Ein Framework zur Durchführung einer systematischen Literaturauswertung beschreiben vom Brocke et al. [Vb++09]. Das Framework (Abbildung 1) besteht aus fünf Phasen und ist als zirkulärer Prozess dargestellt.

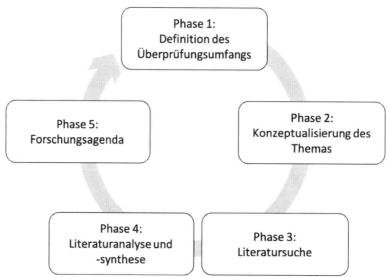

Abbildung 1: Framework für eine wissenschaftliche Literaturauswertung (in Anlehnung an [Vb++09])

Eine Literaturauswertung bildet die Grundlage für jedes Forschungsprojekt und ist bei einer manuellen Durchführung nur sehr aufwändig und zeitintensiv umzusetzen. Basierend auf dem Prozess von vom Brocke et al. [Vb++09] (Abbildung 1) wird in [TBMB20] ein Modell für eine automatisierte Literaturauswertung theoretisch dargestellt: In fünf Phasen wird beschrieben, wie eine wissenschaftliche Literaturauswertung mit Hilfe von Machine Learning automatisiert werden kann. Basierend auf einer Sammlung von wissenschaftlichen Publikationen wird dabei Text Mining eingesetzt, um übergeordnete Themen zu identifizieren (Topic Modeling) und Schlüsselwörter zu extrahieren (Keyword Extraction). Ein Framework für die Anwendung von Topic Modeling im wissenschaftlichen Kontext ist [AcMc19] zu entnehmen. In Bezug auf Keyword Extraction existieren zahlreiche Methoden für eine automatisierte Durchführung. Für eine erste Untersuchung nutzen Barton und Kokoev [BtKa21] die Methode Rake, um Schlüsselwörter aus wissenschaftlichen Publikationen zu gewinnen. Eine weitere Methode, die in diesem Kontext häufig Anwendung findet, ist durch TF-IDF gegeben [MYNA21].

Im Rahmen dieses Beitrags wird TF-IDF dazu verwendet, um Schlüsselwörter aus einer Sammlung von Textdokumenten zum Thema Empfehlungssysteme (engl. „Recommender Systems") zu extrahieren. Die Schlüsselwörter werden anschließend genutzt, um die Entwicklung von thematischen Trends zu beschreiben. Dadurch soll eine wissenschaftliche Literaturauswertung mittels Text Mining unterstützt werden. Der Beitrag ist wie folgt strukturiert: Zunächst wird ein grundlegendes Verständnis über die zentralen Begriffe des Beitrags hergestellt. Dies besteht im Wesentlichen aus den folgenden Komponenten: Der automatischen Extraktion von Schlüsselwörtern (Kapitel 2) sowie dem Begriff Empfehlungssysteme und der damit verbundene Einsatz von Machine Learning (Kapitel 3). Anschließend wird in Kapitel 4 vorgestellt, wie die Extraktion und die Auswertung von Schlüsselwörtern für eine wissenschaftliche Literaturauswertung genutzt werden kann. Exemplarisch erfolgt dies anhand von einer Sammlung von Textdokumenten zum Thema Empfehlungssysteme.

2 Text Mining: Extraktion von Schlüsselwörtern

Das Verstehen von Texten gestaltet sich für den Menschen recht einfach. Eine softwarebasierte Auswertung von Texten hingegen stellt eine anspruchsvolle Aufgabe dar, für die es einer Kombination von (computer-)linguistischen und statistischen Methoden bedarf. In diesem Zusammenhang kennzeichnet der Begriff Text Mining den weitgehend automatisierten und analytischen Prozess zur Gewinnung von potenziell nützlichem Wissen aus Textdokumenten [HiRe06]. Hierzu werden Methoden verwendet, die unter anderem im Information Retrieval zum Einsatz kommen. In diesem Sinne beschreiben Salton et al. [SaWY75] das Vektor-Raum-Modell zur automatisierten Indizierung von Objekten in Information-Retrieval-Systemen. Bei dem Modell wird jedes Dokument durch einen Vektor in einem n-dimensionalen Raum repräsentiert, wobei jede Dimension einem Term entspricht. Ein Vektor enthält für jeden Term eine Gewichtung, die die Zugehörigkeit eines Terms zu einem Dokument spiegelt. Typischerweise wird diese Gewichtung mittels TF-IDF (Term Frequency times Inverse Document Frequency) kalkuliert. Dabei erfolgt zunächst eine Ermittlung der Häufigkeit eines Terms in einem Dokument:

$$TF_{ij} = \frac{f_{ij}}{max_k f_{kj}} \qquad (1)$$

Dabei kennzeichnet f_{ij} die Häufigkeit des Terms i in dem Dokument j und $max_k f_{kj}$ die Anzahl der Terme im jeweiligen Dokument. Es folgt die Kalkulierung der inversen Häufigkeit,

$$IDF_i = log\left(\frac{N}{n_i}\right) \tag{2}$$

wobei N die gesamte Anzahl an Dokumenten und n_i die Anzahl der Dokumente kennzeichnet, die Term i beinhalten. Die Gewichtung für einen Term ergibt sich aus dem Produkt von TF_{ij} und IDF_i:

$$TF_{ij} \cdot IDF_i \tag{3}$$

Somit wird ein Textdokument mittels eines Vektors repräsentiert, der jeweils eine Gewichtung für jeden Term im Korpus enthält.

Neben der Repräsentation von Textdokumenten kann TF-IDF zur Extraktion von Schlüsselwörtern genutzt werden. Dafür werden die Gewichtungen eines Terms summiert und nach Werten sortiert. Je höher der Wert, desto wichtiger ist der Term (in diesem Kontext das Schlüsselwort) für den Korpus. Beispielsweise nutzen Qaiser und Ali [QaAl18] dieses Vorgehen, um Schlüsselwörter aus unterschiedlichen Webseiten zu extrahieren.

Neben TF-IDF existieren weitere Methoden zur automatischen Generierung von Schlüsselwörtern. Generell wird zwischen statistischen, überwachten, semi-überwachten und unüberwachten Ansätzen unterschieden. TF-IDF lässt sich den statistischen Ansätzen zuordnen [SiSh15].

3 Empfehlungssysteme und der Einsatz von Machine Learning

Empfehlungssysteme [RiRS15] (engl. „Recommender Systems") nutzen die Vorlieben eines Nutzers, um ihm potenziell interessante Inhalte zu präsentieren. Diese Inhalte beziehen sich auf einen bestimmten Entscheidungsprozess, beispielsweise welche Musiktitel werden gehört, welche Produkte werden gekauft oder welche Nachrichten werden konsumiert. Ein Objekt kennzeichnet dabei den zu empfehlenden Inhalt (z. B. Musiktitel, Produkt oder Nachricht) für einen Nutzer. Das Ziel von Empfehlungssystemen besteht darin, das Interesse eines Nutzers an einem bestimmten Objekt zu prognostizieren. Dafür existieren unterschiedliche Konzepte zur Empfehlungsgenerierung. Die gängigsten Konzepte sind im Folgenden beschrieben:

Kollaborative Empfehlungssysteme generieren Empfehlungen basierend auf Nutzern oder Objekten mit ähnlichem Bewertungsmuster. Objekte werden als ähnlich bezeichnet, wenn sie von mehreren Nutzern auch ähnlich bewertet wurden [SFHS07]. Bei inhaltsbasierten Empfehlungssystemen basiert eine Empfehlung auf den Präferenzen eines Nutzers. Im Gegensatz zu kollaborativen Empfehlungssystemen werden demnach nicht die Bewertungen von anderen Nutzern berücksichtigt. Zur Empfehlungsgenerierung wird ein Profil für ein Objekt erstellt, das sich aus seinen wichtigsten Merkmalen zusammensetzt. Darauf basierend findet ein Abgleich zwischen Objekten (z. B. mittels Kosinusähnlichkeit [SKKR00]) statt. Dem Nutzer werden dann ähnliche Objekte vorgeschlagen [vMvS00]. Hybride Empfehlungssysteme kombinieren mehrere Empfehlungskonzepte, um die Nachteile eines Konzepts durch die Vorteile eines weiteren Konzepts zu beheben [Burk02].

In den letzten Jahren haben Methoden im Bereich des Deep Learning besondere Aufmerksamkeit erfahren. So zeigen Unternehmen wie Google oder Facebook den erfolgreichen Einsatz von neuronalen Netzen zur Empfehlungsgenerierung [Ch++16][Gu++20]. Amazon veröffentlichen sogar ihr Deep Learning Framework „Deep Scalable Sparse Tensor Neural Engine" [Amaz16] (kurz DSSTNE), mit dem sie die personalisierten Empfehlungen für ihre Kunden generieren. In diesem Zusammenhang werden folgende Deep-Learning-Methoden häufig für Empfehlungssysteme verwendet:

Autoencoder sind vorwärtsgerichtete neuronale Netze (engl. „feedforward neural Networks"), die Eingaben in Repräsentationen kodieren. Eine Eingabe soll mittels der Repräsentation rekonstruiert werden. Typischerweise bestehen Autoencoder aus Input-Layer, Hidden-Layer und Output-Layer, wobei die Anzahl der Neuronen in Input-Layer und Output-Layer identisch ist [FSAM20]. Wiederkehrende neuronale Netze (engl. „recurrent neural Networks") sind künstliche neuronale Netze zur Verarbeitung von sequentiellen Daten. Die Ausgabe eines Neurons kann dabei für die Eingabe eines Neurons der gleichen oder vorangegangen Schicht genutzt werden [DHGR15]. Gefaltete neuronale Netze (engl. „convolutional neural Networks") sind vorwärtsgerichtete neuronale Netze, bestehend aus convolutional Layer, pooling Layer und fully connected Layer [AIMA17]. Typische Einsatzbereiche sind Bilderkennung, Audioverarbeitung oder selbstfahrende Autos [BYBK19].

4 Analyse von Schlüsselwörtern für eine wissenschaftliche Literaturauswertung zu „Recommender Systems"

In diesem Abschnitt soll gezeigt werden, wie die Auswertung von Schlüsselwörtern für eine wissenschaftliche Literaturauswertung genutzt werden kann. Dies erfolgt exemplarisch am Beispiel von Empfehlungssystemen (engl. „Recommender Systems"). Die weltweit größte Datenbank, die Volltextartikel zum Thema Computer und Informationstechnologie enthält, ist die „Association for Computing Machinery" [AsCM21] (ACM). Seit 2007 veranstaltet ACM jährlich die Konferenz „ACM Conference Series on Recommender Systems" [Asso21] (ACM RecSys), die als die wichtigste Veranstaltung im Bereich der Forschung für Empfehlungssysteme gilt. ACM stellt Teile einer wissenschaftlichen Publikation in dem Format BibTex zur Verfügung. Diese BibTex-Dokumente können mittels Web Crawler extrahiert werden. Web Crawler sind Programme, die das World Wide Web systematisch und automatisiert durchsuchen. Nach Angabe einer Domain können die Inhalte der abgerufenen Webseite für eine Weiterverarbeitung extrahiert werden [OlNa10]. Zum Zweck der Datensammlung wurde ein Web Crawler mittels der Python-Bibliothek Selenium [Ragh21] implementiert, der die BibTex-Dokumente aus dem Jahr 2007 bis 2020 für wissenschaftliche Publikationen zum Thema Empfehlungssysteme extrahiert. Dazu muss der Suchbegriff „Recommender Systems" in Titel, Abstract oder den vom Autor definierten Schlüsselwörtern enthalten sein. Durch die Extraktion resultieren 1.811 Dokumente, die in dem Format JavaScript Object Notation (JSON) gespeichert werden. Ein Beispieldokument ist Abbildung 2 zu entnehmen.

```
{
  "series" : "RecSys '16",
  "location" : "Boston, Massachusetts, USA",
  "keywords" : [
    "human learning",
    "machine learning",
    "recommender systems"
  ],
  "numpages" : "4",
  "pages" : "127-130",
  "booktitle" : "Proceedings of the 10th ACM Conference on Recommender Systems",
  "abstract" : "We bring to the fore of the recommender system research community, an inconvenient truth about the current state of understanding how recommender system algorithms and humans influence one another, both computationally and cognitively. Unlike the great variety of supervised machine learning algorithms which traditionally rely on expert input labels and are typically used for decision making by an expert, recommender systems specifically rely on data input from non-expert or casual users and are meant to be used directly by these same non-expert users on an every day basis. Furthermore, the advances in online machine learning, data generation, and predictive model learning have become increasingly interdependent, such that each one feeds on the other in an iterative cycle. Research in psychology suggests that people's choices are (1) contextually dependent, and (2) dependent on interaction history. Thus, while standard methods of training and assessing performance of recommender systems rely on benchmark datasets, we suggest that a critical step in the evolution of recommender systems is the development of benchmark models of human behavior that capture contextual and dynamic aspects of human behavior. It is important to emphasize that even extensive real life user-tests may not be sufficient to make up for this gap in benchmarking validity because user tests are typically done with either a focus on user satisfaction or engagement (clicks, sales, likes, etc) with whatever the recommender algorithm suggests to the user, and thus ignore the human cognitive aspect. We conclude by highlighting the interdisciplinary implications of this endeavor.",
  "doi" : "10.1145/2959100.2959188",
  "url" : "https://doi.org/10.1145/2959100.2959188",
  "address" : "New York, NY, USA",
  "publisher" : "Association for Computing Machinery",
  "isbn" : "9781450340359",
  "year" : "2016",
  "title" : "Human-Recommender Systems: From Benchmark Data to Benchmark Cognitive Models",
  "author" : "Shafto, Patrick and Nasraoui, Olfa",
  "ENTRYTYPE" : "inproceedings",
  "ID" : "10.1145/2959100.2959188"
}
```

Abbildung 2: Beispieldokument in JSON-Format

Die Anzahl der Dokumente in Abhängigkeit vom Jahr zeigt Abbildung 3. Die erste Konferenz von ACM mit dem Bezug zu Empfehlungssystemen („1st ACM Conference on Recommender Systems" [ACMR07]) fand 2007 in Minneapolis (USA) statt. Dabei liegt eine Anzahl von sieben wissenschaftlichen Publikationen vor. Diese steigt bis 2010 auf 92 Publikationen an. Für jedes folgende Jahr beträgt die Anzahl über 100 Publikationen. Ein vergleichsweise hohes Aufkommen ist im Jahr 2017 (222 Dokumente) und 2019 (221 Dokumente) zu erkennen.

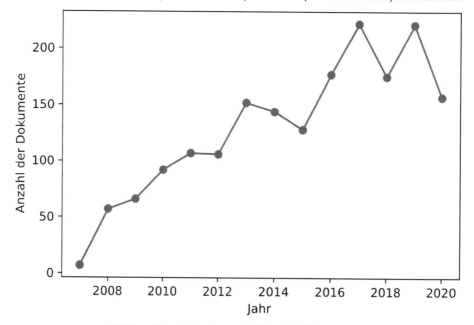

Abbildung 3: Anzahl der wissenschaftlichen Publikationen pro Jahr

Die in den Dokumenten enthaltenen Abstracts werden nun genutzt, um Schlüsselwörter zum Thema Empfehlungssysteme zu extrahieren. Da die Abstracts nicht gelabelt sind, können für die Extraktion von Schlüsselwörtern ausschließlich statistische oder unüberwachte Methoden zum Einsatz kommen. Im Rahmen dieser Arbeit wird die Methode TF-IDF verwendet. Für die Aufbereitung der Daten werden Stoppwörter (bspw. „and" oder „or") sowie Satzzeichen aus dem Korpus entfernt. Zudem werden zunächst ausschließlich Bigramme betrachtet. Die Abstracts werden mittels Vektor-Raum-Modell repräsentiert. Um eine Auswertung für unterschiedliche Jahre zu ermöglichen, wird die Gewichtung der Terme mittels TF-IDF jahresbasiert vorgenommen. In Abhängigkeit von einem Jahr können nun die Schlüsselwörter anhand ihrer Gewichtung in Relation gesetzt werden.

Im Hinblick auf das Thema Empfehlungssysteme existieren unterschiedliche Konzepte zur Empfehlungsgenerierung (Kapitel 3). Diese sind Abbildung 4 in Abhängigkeit von ihrer Gewichtung zu entnehmen. Die Gewichtung der Schlüsselwörter wird mittels expliziter Abfrage ermittelt. Diese umfasst für ein jeweiliges Konzept die folgenden Terme:

- Kollaborative Empfehlungssysteme: „collaborative filtering", „collaborative approach"
- Inhaltsbasierte Empfehlungssysteme: „contentbased filtering", „contentbased approach", „information retrieval"
- Hybride Empfehlungssysteme: „hybrid filtering", „hybrid approach", „hybrid model"

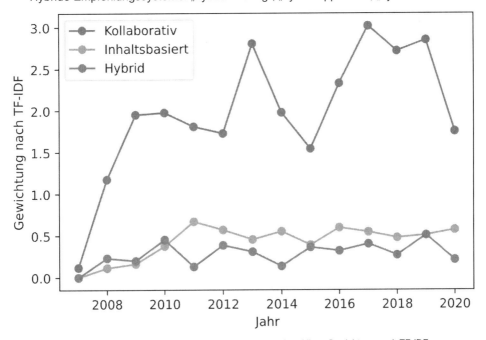

Abbildung 4: Konzepte zur Empfehlungsgenerierung anhand ihrer Gewichtung nach TF-IDF

Dabei ist zu erkennen, dass kollaborative Empfehlungssysteme eine besondere Bedeutung im Hinblick auf die Konzepte von Empfehlungssystemen einnehmen. Von 2007 bis 2009 haben kollaborative Empfehlungssysteme stark an Bedeutung gewonnen. In diesen Jahren steigt die Gewichtung von 0,12 auf 1,95. Für die Folgejahre befinden sich die Werte zwischen 1,54 (Jahr 2015) und 3,01 (Jahr 2017). Auch bei inhaltsbasierten Empfehlungssystemen ist zunächst ein Anstieg der Werte zu erkennen. Demnach steigt die Gewichtung zwischen 2007 und 2011 von 0 auf 0,67. In den Folgejahren wird dieser Wert jedoch nicht übertroffen. Demnach liegen die Werte zwischen 0,39 (Jahr 2015) und 0,60 (Jahr 2016). Im Hinblick auf hybride Empfehlungssysteme ist ein volatiler Verlauf der Werte zu erkennen. Abgesehen von 2007 (Wert von 0) belaufen sich die Werte zwischen 0,13 (Jahr 2011) und 0,51 (Jahr 2019). Demnach nimmt das Konzept der kollaborativen Empfehlungssysteme die stärkste Bedeutung im Bereich der Empfehlungssysteme ein. Gegenüber dem Konzept des inhaltsbasierten Filterns finden hybride Empfehlungssysteme zwischen 2008 und 2010 eine höhere Anwendung. Dagegen sind in allen Folgejahren höhere Werte für inhaltsbasierte Empfehlungssysteme zu erkennen.

Im Folgenden soll der Einsatz von Machine Learning, neuronalen Netzen sowie Deep Learning zur Umsetzung von Empfehlungssystemen dargestellt werden. In diesem Sinne zeigt Abbildung 5 die Verfahren in Abhängigkeit ihrer Gewichtung nach TF-IDF.

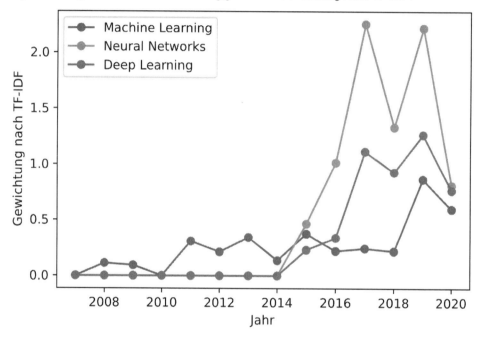

Abbildung 5: Machine Learning, neuronale Netze und Deep Learning anhand ihrer Gewichtung nach TF-IDF

Bis 2015 ist ausschließlich eine Anwendung von Machine Learning zu beobachten. Die Gewichtung nach TF-IDF reicht dabei von 0 (2007 und 2010) bis 0,34 (2013). Ab 2015 nehmen neuronale Netze und Deep Learning eine besondere Rolle ein. Demnach ist ein deutlicher Anstieg der Werte von 2014 bis 2017 zu beobachten. Von 2018 bis 2020 korrelieren die Werte der drei Verfahren. Dabei kennzeichnen neuronale Netze das Verfahren mit den höchsten Werten (1,33, 2,22, 0,81), gefolgt von Deep Learning (0,93, 1,27, 0,77) und Machine Learning (0,22, 0,86, 0,60).

Aufgrund des hohen Interesses von neuronalen Netzen und Deep Learning in den vergangenen Jahren werden die Schlüsselwörter nun auf Methoden in diesen Bereichen (siehe Kapitel 3) analysiert. Im Gegensatz zu den bereits durchgeführten Auswertungen, bei denen sich die explizite Abfrage auf Bigramme reduziert, werden in diesem Fall die Uni-, Bi- und Trigramme für die Auswertung herangezogen. Dafür ist Abbildung 6 die Entwicklung dieser

Methoden in Abhängigkeit ihrer Gewichtung nach TF-IDF zu entnehmen. Bis 2017 haben wiederkehrende neuronale Netze besondere Bedeutung erfahren. Die Werte reichen dabei von 0 bis 0,98. Hingegen wurden ab 2018 vermehrt Autoencoder eingesetzt. Dabei sind Werte zwischen 0,12 und 0,44 zu erkennen.

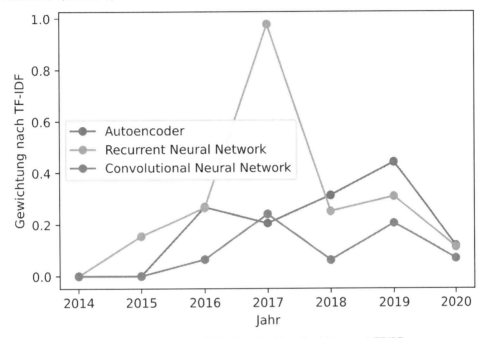

Abbildung 6: Deep-Learning-Methoden anhand ihrer Gewichtung nach TF-IDF

5 Zusammenfassung

Im Rahmen dieses Beitrags wurde gezeigt, wie eine wissenschaftliche Literaturauswertung mit Hilfe von Text Mining unterstützt werden kann. Exemplarisch wurde dies für eine Literaturrecherche zu Recommender Systems (zu Deutsch „Empfehlungssysteme") anhand von 1.811 Treffern durchgeführt. Dabei wurden Schlüsselwörter aus den Abstracts von wissenschaftlichen Publikationen extrahiert, um deren Inhalte mittels expliziter Abfrage für unterschiedliche Jahre zu beschreiben. Die Auswertung zeigte, dass kollaborative Empfehlungssysteme das beliebteste Konzept zur Erstellung von Empfehlungen darstellt. Im Hinblick auf den Einsatz von Machine Learning kamen ab 2015 vermehrt neuronale Netze und Methoden des Deep Learning zum Einsatz. Dabei wurden in den letzten drei Jahren vermehrt Autoencoder eingesetzt, gefolgt von wiederkehrenden neuronalen Netzen und gefalteten neuronalen Netzen. Im Rahmen dieses Beitrags wurde die Methode TF-IDF für die Extraktion von Schlüsselwörtern verwendet. Darüber hinaus existieren noch weitere Methoden für diese Aufgabe. Inwieweit sich eine bestimmte Methode für eine wissenschaftliche Literaturauswertung eignet, bedarf es jedoch weiterer Untersuchungen. Zudem könnten die Daten mittels weiterer Methoden des Text Mining analysiert werden. Beispielsweise könnte untersucht werden, inwieweit sich Topic Modeling für eine wissenschaftliche Literaturauswertung eignet. Neben den Abstracts könnten hierfür zusätzlich die Volltexte als Datengrundlage genutzt werden.

Literaturverzeichnis

[AlMA17]	Albawi, S.; Mohammed, TA.; Al-Zawi, S.: Understanding of a Convolutional Neural Network. In: Bayat, O. (Hrsg.) International Conference on Engineering and Technology 2017, Antalya, 2017, S. 1-6
[Amaz16]	Amazon DSSTNE: Deep Scalable Sparse Tensor Network Engine, 2016, https://github.com/amazon-archives/amazon-dsstne/, Abruf am 15.03.2021
[AsCM21]	Association of Computing Machinery (ACM), o.J, https://dl.acm.org/, Abruf am 15.03.2021
[AcMc19]	Asmussen, CB.; Møller, C.; Smart literature review: a practical topic modelling approach to exploratory literature review. In: Journal of Big Data, 6(1)(2019), S. 93
[Asso21]	Association of Computing Machinery Conference Series on Recommender Systems (ACM RecSys), o.J, https://recsys.acm.org/, Abruf am 15.03.2021
[ACMR07]	ACM RecSys: 1st Conference on Recommender Systems, 2007, https://recsys.acm.org/recsys07/, Abruf am 15.03.2021
[BtKa21]	Barton, T.; Kokoev, A.: Text Mining bei einer wissenschaftlichen Literaturauswertung: Extraktion von Schlüsselwörtern zur Beschreibung von Inhalten. In: Barton, T.; Müller, C. (Hrsg.) Data Science anwenden (Angewandte Wirtschaftsinformatik), Springer Vieweg, Erscheint voraussichtlich September 2021
[BYBK19]	Batmaz, Z.; Yurekli, A.; Bilge, A.; Kaleli, C.: A Review on Deep Learning for Recommender Systems: Challenges and Remedies. In: Artificial Intelligence Review (52)(2019), S. 1-37
[Burk02]	Burke, R.: Hybrid Recommender Systems: Survey and Experiments. User Modeling and User-Adapted Interaction 12(4)(2002), S. 331-370
[BoSP12]	Booth, A.; Sutton, A.; Papaioanno, D.: Systematic Approaches to a Successful Literature Review. UK: Sage Publications, London, 2012
[Ch++16]	Cheng, H-T.; Koc, L.; Harmsen, J.; Shaked, T.; Chandra, T.; Aradhye, H.; Anderson, G.; Corrado, G.; Chai, W.; Ispir, M.; Anil, R.; Haque, Z.; Hong, L.; Jain, V.; Liu, X.; Shah, H.: Wide & Deep Learning for Recommender Systems. In: Karatzoglou, A.; Hidasi, B.; Tikk, D., Sar-shalom, O.; Roitman, H.; Shapira, B.; Rokach, L. (Hrsg.) Proceedings of the 1st Workshop on Deep Learning for Recommender Systems, Boston, 2016, S. 7-10
[DHGR15]	Donahue, J.; Hendricks, LA.; Guadarrama, S.; Rohrbach, M.: Long-term recurrent convolutional networks for visual recognition and description. In: Bischof, H.; Forsyth, D.; Schmid, C.; Sclaroff, S. (Hrsg.) Proceedings of the 28th IEEE conference on computer vision and pattern recognition, Boston, 2015, S. 2625-2634
[FSAM20]	Ferreira, D.; Silva, S.; Abelha, A.; Machado, J.: Recommendation System Using Autoencoders. In: Applied Sciences 10(16)(2020)
[Gu++20]	Gupta, U.; Wu, C-J.; Wang, X.; Naumov, M.; Reagen, B.; Brooks, D.; Cottel, B.; Hazelwood, K.; Hempstead, M.; Jia, B.; Lee, H-HS.; Malevich, A.; Mudigere, D.; Smelyanskiy, M.; Xiong, L.; Zhang, X.: The Architecture Implications of Facebook's DNN-based Per-

	sonalized Recommendations. In: Tullsen, D., Esmaeilzadeh, H. (Hrsg.) IEEE International Symposium on High Performance Computer Architecture (HPCA), San Diego, 2020, S. 488-501
[HiRe06]	Hippner, Hajo; Rentzmann, René: Text Mining. In: Informatik-Sprektrum 29(4)(2006), S. 287-290
[MYNA21]	Mateen, A.; Yasir, M.; Nawaz, Q; Afsar, S.; Yasin, Q.; Yunusi, M.: An Analysis on Text Mining Techniques for Smart Literature Review. In: International Journal of Advanced Trends in Computer Science and Engineering, 20(2)(2021), S. 1284-1288
[OlNa10]	Olston, C.; Najork, M.: Web Crawling. In: Foundation and Trends in Information Retrieval 4(3)(2010), S. 175-246
[QaAl18]	Qaiser, Shahzad; Ali, Ramsha: Text Mining: Use of TF-IDF to Examine the Relevance of Words to Documents. In: International Journal Computer Applications 181(1)(2018), S. 25-29
[Ragh21]	Raghavendra, S.: Python Testing with Selenium. Apress, Berkeley, 2021
[RiRS15]	Ricci, F.; Rokach, L.; Shapira, B.: Recommender Systems: Introduction and Challenges. In: Ricci, F., Rokach, L., Shapira, B. (Hrsg.) Recommender Systems Handbook, 2015, S. 1-34
[SaWY75]	Salton, G.; Wong, A; Yang C.S.: A Vector Space Model for automatic Indexing. Communications of the ACM 18(11)(1975), S. 609-664
[SKKR00]	Sarwar, B.; Karypis, G.; Konstan, J.; Riedl, J.: Analysis of Recommendation Algorithm for E-Commerce. In: Jhingran, A.; Mason, J.M.; Tygar, D. (Hrsg.) Proceedings of the 2nd ACM conference on Electronic commerce, Minneapolis, 2000, S. 158-167
[SFHS07]	Schafer, JB.; Frankowski, D.; Herlocker, J.; Sen, S.: Collaborative Filtering Recommender Systems. In: The Adaptive Web, LNCS 4321, 2007, S. 291-324
[SiSh15]	Siddiqi, S.; Sharan, A.: Keyword and Keyphrase Extraction Techniques: A Literature Review. In: International Journal of Computer Applications, 109(2)(2015), S. 18-23
[TBMB20]	Tauchert, C.; Bender, M.; Mesbah, N.; Buxmann, P.: Towards an Integrative Approach for Automated Literature Reviews Using Machine Learning. In: Bui, T. (Hrsg.): Proceedings of the 53rd Hawaii International Conference on System Sciences, Maui, 2020
[Vb++09]	vom Brocke, J.; Simons, A.; Niehaves, B.; Riemer, K.; Plattfaut, R.; Cleven, A.: Reconstructing the Giant: On the Importance of Rigour in Documenting the Literature Search Process. In: Newell S.; Whitley, E.; Pouloudi, N.; Wareham, J.; Mathiassen, L. (Hrsg.): Proceedings of the 17th European Conference on Information Systems (ECIS), Verona, 2009
[vMvS00]	van Meteren, R.; van Someren, M.: Using Content-Based Filtering for Recommendations. In: Potamias, G.; Moustakis, V.; van Someren, M. (Hrsg.) ECML/MLnet Workshop on Machine Learning in the New Information Age, 2000, S. 47-56

Kontakt

Andreas Peuker
Hochschule Worms
Erenburgerstraße 19, 67549 Worms
T +49 (0)6241.509-195, peuker@hs-worms.de

Prof. Dr. Thomas Barton
Hochschule Worms
Erenburgerstraße 19, 67549 Worms
T +49 (0)6241.509-253, barton@hs-worms.de

Prototypen und praktische Anwendungen

Anforderungen an hochintegrierte Managementsysteme

Carlo Simon, Stefan Haag, Lara Zakfeld

Zusammenfassung

In der Wirtschaftsinformatik bildet *Prozessmanagement* die Grundlage, um betriebliche Abläufe zu verstehen, zu optimieren und darauf aufbauend geeignete Informationssysteme zu implementieren, was sich so auch in den Wirtschaftsinformatik-Studiengängen widerspiegelt. Doch in der betrieblichen Praxis gibt es noch einen anderen Anwendungszweck von *Geschäftsprozessmanagement (GPM)*: Die Zertifizierung von Unternehmen gemäß eines oder mehrerer Managementsysteme, etwa mit Blick auf Qualität, Umweltschutz oder Arbeitssicherheit im Rahmen *integrierter Managementsysteme (IMS)*.
Prozessdokumentationen im Kontext von IMS sind damit *vergangenheitsorientiert* auf den Zeitpunkt der Modellerstellung bezogen. Optimierungen sind aber *zukunftsorientiert*. Wie lässt sich ein solcher Gegensatz auflösen?
Dieser Beitrag liefert zunächst einen Überblick über die diversen Managementsysteme und vergleicht *IMS-Softwarelösungen*. Diesen gegenübergestellt werden Prozessmanagement-Sichten der Wirtschaftsinformatik gemäß Modulbeschreibungen sowie einschlägiger Literatur. Aus beobachteten Differenzen zwischen diesen Sichtweisen werden dann Anforderungen an Softwarelösungen für *hochintegrierte Managementsysteme (HMS)* abgeleitet, die eine Zukunftsorientierung ermöglichen, um Auswirkungen von Veränderungen multiperspektivisch über die unterschiedlichen Managementsysteme hinweg betrachten zu können. Kern der Überlegungen ist ein bzgl. der Prozesse monoparadigmatischer Ansatz, bei dem *höhere Petri-Netze* genutzt werden, um Prozesse zu simulieren und Veränderungen zu prognostizieren.

1 Forschungsmethodik

Die in diesem Beitrag dargestellten Ergebnisse basieren auf der Analyse der Spezifikationen zu Managementsystemen sowie unterstützender Software. Beide basieren im Wesentlichen auf Prozessmanagement, weswegen eine – hoffentlich im Rahmen der AKWI auf besonderes Interesse stoßende – Interpretation des Themas Prozessmanagement an Hochschulen sowie in der Grundlagenliteratur dieser Sichtweise gegenübergestellt wird. Die beobachteten Differenzen hinsichtlich einer Nutzung von Prozessmanagement werden dann normativ im Sinne einer Erweiterung der Managementsystemansätze genutzt, um hochintegrierte Managementsysteme einzuführen und Anforderungen hieran zu abzuleiten.

2 Integrierte Managementsysteme und Prozessmanagement

Management umfasst nach der DIN EN ISO 9000 die aufeinander abgestimmten Tätigkeiten zum Leiten und Lenken einer Organisation, während ein *Managementsystem* ein Satz von in Wechselbeziehung stehenden Funktionen und Elementen ist, um Unternehmen zu lenken und zu leiten, ihre Politik und Ziele festzulegen sowie Prozessziele zu definieren. [ISO9000]

Die Standardisierung von Managementsystemen durch die Internationale Organisation für Normung (ISO) ermöglicht es Unternehmen, sich nach diesen zertifizieren zu lassen. Hieraus ergibt sich eine Dokumentationspflicht, die durch geeignete Software unterstützt werden kann. Ein Überblick über entsprechende Softwaresysteme wird im zweiten Abschnitt gegeben. Kern all dieser Dokumentationen ist eine umfassende Beschreibung der Unternehmensprozesse. Ein *integratives* bzw. *integriertes Managementsystem* betrachtet und bearbeitet ganzheitlich die verschiedenen Elemente, Funktionen und Blickrichtungen der Organisation eines Unternehmens gemäß Abbildung 1 [Neum17], [ISO9000]. Ein kurzer Überblick soll die wichtigsten Managementsysteme aufzeigen:

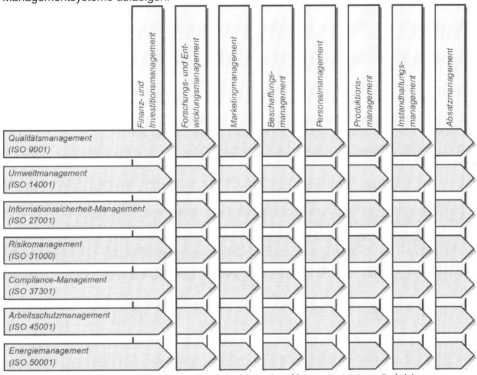

Abbildung 1: Vernetzte Betrachtung von Unternehmen durch Integrierte Managementsysteme (in Anlehnung an [Neum17])

- *ISO 9001:2015:* Die 1987 eingeführte Norm für *Qualitätsmanagementsysteme* ist heute auch Grundlage für die anderen in diesem Abschnitt aufgeführten Normen, sowie für weitere (Qualitätsmanagement-)Normen, etwa ISO 13485 für medizinische Geräte, ISO 29001 für Petrochemie oder ISO 90003 für Software Engineering.
- *ISO 14001:2015:* Ein *Umweltmanagementsystem* unterstützt eine kontinuierliche Verbesserung der Umweltleistung auf Basis von Stoffstromanalysen.
- *ISO 27001:2013: Informationssicherheit-Managementsysteme* dienen dazu, systematisch Informationssicherheitsrisiken zu bewerten und zu behandeln.
- *ISO 31000:2018:* Trotz der Variabilität möglicher Risiken versucht die ISO mit dieser Norm ein betriebliches *Risikomanagement* zu standardisieren.
- *ISO 37301:2021: Compliance-Managementsysteme* zielen darauf, regelwidriges Verhalten zu erkennen, zu vermeiden oder im Bedarfsfall darauf zu reagieren.

- *ISO 45001:2018:* Die ISO integriert Arbeitsschutz und betriebliches Gesundheitsmanagement in einer Norm für *Arbeitsschutzmanagementsysteme*.
- *ISO 50001:2018: Energiemanagementsysteme* systematisieren eine umweltschonende Nutzung von Energiequellen.

Software für integrierte Managementsysteme sind Datenbanken zur Sammlung und Verknüpfung der Dokumentationen, die für die unterschiedlichen IMS gelten. Der nächste Abschnitt fasst die Ergebnisse einer Bewertung solcher Systeme zusammen [Foos20].

3 Software für integrierte Managementsysteme

Gemäß [Foos20] wird hier ein *Kriterienkatalog* zum Vergleich von Modellierungssoftware für IMS gemäß Tabelle 1 diskutiert.

Grundlage des Kriterienkatalogs waren neben der Arbeit von [Ad++13] auch studentische Projekt- und Abschlussarbeiten. Diese wurden ergänzt um Kriterien aus Bewertungsportalen sowie neuen, bislang nicht untersuchten Kriterien wie etwa dem zur Ausführbarkeit.

Die gewählten Gruppen, Kriterien und möglichen Ausprägungen decken nun von den unterschiedlichen möglichen Ansätzen zur Prozessmodellierung über ein integriertes Qualitätsmanagement bis hin zu Rollenverwaltung und Nutzungsaspekten ein breites Feld ab. Die Gruppe *Ausführung in der Realität* zeigt auf, welche Ideen zur Verknüpfung von Realität und ihrer Dokumentation in den Tools angedacht sind.

In [Foos20] wurden die in Tabelle 2 genannten neun Werkzeuge betrachtet. Auswahlgründe hierfür waren persönliche Interessen sowie die Erwähnung dieser Werkzeuge in anderen entsprechenden Toolvergleichen.

Die Bewertung der einzelnen Tools hinsichtlich der genannten Werkzeuge basiert auf Angaben der Hersteller im Internet sowie auf anschließenden Interviews mit den Herstellern, zu denen außer zwei Anbietern alle bereit waren.

Für diesen Beitrag sind zusammenfassend die folgenden Ergebnisse hervorzuheben, wobei lediglich zwei der genannten Hersteller alle diese Kriterien auf sich vereinen:

- Sieben Tools unterstützen die Auswertung von Kennzahlen.
- Vier Produkte haben vollständig implementierte Freigabeworkflows.
- Sechs Hersteller reklamieren Möglichkeiten zur Prozesssimulation, wobei zum Teil aber nur der eigentliche Prozessfluss dargestellt wird und eine Verknüpfung mit den Ausführungsdaten nicht möglich ist.
- Denjenigen Werkzeugen, die gemäß Tabelle 2 nicht als Software zur IMS-Unterstützung klassifiziert werden können, fehlen Möglichkeiten zur Verknüpfung der Modelle in einer Prozesslandkarte, die Möglichkeit zur Speicherung der Modelle in einer zentralen Datenbank oder die Darstellung von Verantwortlichkeiten mit Hilfe von Organigrammen.

Gruppe	Kriterium	Beispielhafte Ausprägungen
Prozess-modellierung	Modellierungssprachen	BPMN / EPK / Petri-Netze / …
	Prozessspeicherung	
	Prozessbeschreibung	Modellintegriert / Ergänzend
	Prozesskennzahlen	
	Simulation	
	Animation	
	Suchfunktion	Verschlagwortung / Volltextsuche
	Swimlanes	
	Subprozesse/Teilprozesse	
	Anpassbarkeit Prozesse	
	Modellierungsrichtlinien	
	Kommentarfunktion	Modellintegriert / Dialogfähig
	Versionierung	
Übersichten	Prozesslandkarte	
	Organigramm	
Usability	Mehrsprachigkeit	Deutsch / Englisch / Französisch/ …
	Individuelle Benutzeransichten	Alle / Nur Admin
	Personalisierbare Startseite	Alle / Nur Admin
Rollen-verwaltung	Nutzergruppen	Eigene / Vordefiniert
	Berechtigungsfreigabe	
	Aufgabenmanagement	Nachrichten / Wiedervorlage
Qualitäts-management	Dokumentation	Online / Offline / Exportierbar
	ISO-Zertifizierung (Normen)	ISO 9000/9001 / 14001 / 27001 / …
	Audit-Organisation	Planung / Feedback
	Reifegradbestimmung Prozesse	
	Prozesswürdigung	
Technische Umsetzung	Betriebssysteme	Windows / Mac / Linux / …
	Verfügbarkeit der Software	On-Premise / SaaS
	Wartung / Updates	Vor Ort / Fernwartung
	Schnittstellen	Graphen / XML / PowerPoint / …
	Mobile Endgeräte	iOS / Android / Web-App
Benutzer-betreuung	Hotline	Telefon / Chat / E-Mail
	Training	Seminar / Webinar
	Benutzungshandbuch	Onlinehandbuch / Videos
	Hilfeassistent	Autovervollständigung / Vorschläge
Kosten	Kostenpflichtig	
	Lizenzmodell	
Anwendungs-bezug	Branchenspezifisch	Automobil / Finanz / Chemie / …
	Fachabteilung	Einkauf / Logistik / Personal / …
Ausführung in der Realität	Kennzahlen auswerten	Ja / Prozesskostenrechnung
	Bewertung in Prozesslandkarte	
	Freigabeworkflow	Genehmigungen / Aufgaben
	Erweiterung Drittanbieter	
	Online publizieren	
	Prozessanalyse	

Tabelle 1: Vergleichskriterien Software für integrierte Managementsysteme (in Anlehnung an [Foos20])

Die *Simulationslösungen* dienen dazu, die prinzipielle Ausführbarkeit der Prozesse zu prüfen. Teilweise sind aber auch Simulationen zu Durchlaufzeiten, Kosten oder Engpässen möglich. Damit erfüllen sie erste Voraussetzungen für einen Einsatz als Planungstool. Eine Verknüpfung mit Realdaten wie etwa aktuellen Lagerbeständen ist aber nicht möglich.

Tool	Hersteller	IMS
Aeneis	Intellior AG	Ja
ARIS	Software AG	Ja
Bflow* Toolbox	Team um Prof. Dr. R. Laue	Nein
BIC Cloud	GBTEC Software + Consulting AG	Ja
Business Transformation Platform	iGrafx LLC	Ja
Camunda BPM	Camunda Services GmbH	Nein
Process Manager	Signavio GmbH	Ja
Prozessdesigner	JobRouter AG	Nein
Smart Process	CWA GmbH	Ja

Tabelle 2: Softwareauswahl für den Toolvergleich (in Anlehnung an [Foos20])

(Pro-)aktives Chancen- und Risikomanagement sowie die Unterstützung einer Kultur der ständigen Verbesserung sind zwei Teilaufgaben eines IMS [KoPö14]. Sie werden durch die bisherige Vergangenheitsorientierung dieser Systeme aber nicht ausreichend gewürdigt. Gleichzeitig zeugen sie von der Notwendigkeit einer stärkeren Zukunftsorientierung.

Ersichtlich wird dieser Aspekt auch an der *High Level Structure (HLS)*, einer Metanorm, gemäß der die ISO seit 2012 den Aufbau ihrer Managementsystemnormen organisiert: Die gemeinsamen Anforderungen an Managementsysteme – bzw. an deren Normen – können in einem Basis-Managementsystem zusammengefasst und um sektorspezifische Eigenschaften erweitert werden [BrJu19]. Diese in einem Dokument namens Annex SL beschriebene Struktur besteht aus zehn Kapiteln, nach denen ein MS implementiert und dokumentiert werden soll [HLS2012]. Die wesentlichen Charakteristika des Annex SL sind die Festlegung einheitlicher Begriffe und Definitionen, einer übergeordneten Architektur für alle neuen ISO-Managementsystem-Normen und -Normrevisionen sowie die Gewährleistung identischer Textbausteine in den Klauseln aller Standards [KuBo17]. Durch die gleiche Gliederung unterschiedlicher MS wird ihre Integration vereinfacht.

4 Prozessmanagement aus einer Wirtschaftsinformatik-Perspektive

Gemäß [HaMN19] heißt die Wissenschaft, die sich mit der Gestaltung rechnergestützter Informationssysteme in der Wirtschaft befasst, *Wirtschaftsinformatik*. Schon diese Definition macht den zukunftsorientierten, gestalterischen Charakter des Fachs deutlich. Die Rolle, die GPM bei dieser Aufgabenstellung spielt, zeigt der Aufbau des Buchs von [HaMN19]: Noch vor der Modellierung betrieblicher Informationssysteme oder einer Unterstützung betrieblicher Leistungsprozesse durch ERP-Systeme erfolgt eine Einführung in das GPM mit den Teilaufgaben Identifikation, Gestaltung und Ausführung von Geschäftsprozessen. Auch andere Autoren wie [FOSS20] denken die Gestaltung betrieblicher Informationssysteme hauptsächlich aus einer Prozessperspektive.

Tatsächlich findet man eine ähnliche Betrachtungsweise auch in der einschlägigen Literatur zum GPM. So betont [Gait07], einer der Begründer des GPM, die Wichtigkeit der Geschäftsprozesse, indem er darstellt, dass die Aufbauorganisation der Ablauforganisation folgen solle. Auch andere Grundlagenwerke zum GPM wie [Fisc13] und [ScSe13] betonen die gestalterische Rolle des GPM, wobei letztere auch den Bezug zu integrierten Managementsystemen deutlich machen. Bei beiden Büchern wird ferner klar, dass eine Einführung von Prozessmanagement ohne geeignete Software nur schwer vorstellbar ist.

Auch [Gada20] betont die gestalterische Rolle des GPM, indem er diese als Grundlage für die Etablierung von Workflow-Management-Systemen (WfMS) darstellt. Dies unterstreicht auch [Hofm20], der den Einfluss der Digitalisierung auf die Prozessoptimierung betrachtet. Noch weiter gehen die Überlegungen von [Hier17], der Prozesse als Schlüssel zum digitalen Wandel sieht. Die Arbeiten sind daher klar der Wirtschaftsinformatik zuzuordnen.

Auch die Rahmenempfehlungen der GI für die Ausbildung in Wirtschaftsinformatik an Hochschulen sehen die gestaltungsorientierte Konstruktion von Informationssystemen als eines der wesentlichen Ziele [GI2017]. Wiederum spielt das *Prozessmanagement* eine zentrale Rolle mit den Themenfeldern strategisches Prozessmanagement, Unternehmens- und Prozessmodellierung, Prozessanalyse und Process Mining, Prozessoptimierung und kontinuierliche Verbesserung sowie domänenspezifische Referenzmodelle. Integrierte Managementsysteme spielen hier aber nur am Rande eine Rolle.

Diese Sichtweise kann auch nach Analyse einer Auswahl von *Prozessmanagement-Modulen* in Studiengängen der Wirtschaftsinformatik bzw. in Informatik mit entsprechender Vertiefung bestätigt werden. Die Autoren haben hierzu 46 Studiengänge an 34 Hochschulen, die zum Großteil im AKWI vertreten sind, untersucht und die Merkmale der Module klassifiziert.

Insgesamt wurden 96 Module im Kontext zu Prozessmanagement identifiziert, wovon 35 in die Auswertung eingeflossen sind, weil mindestens 5 Themenfelder des Geschäftsprozessmanagements eindeutig benannt wurden. Tabelle 3 zeigt die Übersicht der untersuchten Modulbeschreibungen.

Hochschule	Bachelor / Master	Modul
FH Aachen	Bachelor	Business Information Systems (insb. ERP)
FH Aachen	Bachelor	Geschäftsprozessmanagement
FH Aachen	Bachelor	ERP Systeme implementieren und erweitern
HS Augsburg	Bachelor	Geschäftsprozessmodellierung
HS Augsburg	Master	Geschäftsprozessmodellierung
HTW Berlin	Bachelor	Geschäftsprozesse und betriebliche Anwendungen
HTW Berlin	Master	Betriebswirtschaftliche Anwendungen 2
TH Brandenburg	Bachelor	Grundlagen der Prozessmodellierung
TH Brandenburg	Master	Modellierung und Analyse von Prozessen
TH Brandenburg	Master	Implementierung von Prozessen
HTW Dresden	Bachelor	Geschäftsprozessmodellierung
HS Flensburg	Bachelor	Business Process Management
HS Furtwangen	Bachelor	Geschäftsprozessdesign
HS Kaiserslautern	Bachelor	Modellierung Betrieblicher Leistungsprozess
HS Karlsruhe	Bachelor	Modellierung von IT-Systemen
HS Karlsruhe	Bachelor	Planung von Informationssystemen
HS Karlsruhe	Master	Process Integration and Organizational Development
HS Karlsruhe	Master	Processes Design & Implementation
HS Mainz	Bachelor	Business Process Management
HS Mannheim	Bachelor	Advanced Business Process Management
TH Mittelhessen	Bachelor	Digitale Geschäftsprozesse
HS Niederrhein	Bachelor	Geschäftsprozessmanagement
HS Pforzheim	Bachelor	Geschäftsprozess- und Projektmanagement
HS Pforzheim	Master	Unternehmensinformationssysteme
OTH Regensburg	Bachelor	Geschäftsprozessanalyse und -design
HS RheinMain	Bachelor	Geschäftsprozessmanagement
HS RheinMain	Bachelor	Digitalisierung von Prozessen
HS Stralsund	Bachelor	Geschäftsprozesse
HS Trier	Bachelor	Strategisches Unternehmensprozessmanagement
HS Trier	Master	Geschäftsprozessmanagement
FH Wedel	Bachelor	Systemmodellierung
FH Wedel	Bachelor	Prozessmodellimplementation
TH Wildau	Bachelor	Geschäftsprozessmanagement
HS Worms	Bachelor	Geschäftsprozessmanagement
HS Worms	Master	Prozessmanagement

Tabelle 3: Stichprobe zu Prozessmanagement-Modulen in Wirtschaftsinformatik-Studiengängen

Aus den fachspezifischen Anteilen der Modulbeschreibungen konnten die in Tabelle 4 gezeigten Inhalte abgeleitet werden. Aufgrund schwankender Detailierungsgrade in den Modulhandbüchern ist davon auszugehen, dass die gefundenen Inhalte eine untere Grenze bilden, die aber eine Tendenz widerspiegelt.

In 17 Modulen wird die Analyse von Prozessmodellen angesprochen, gleiches gilt für Reengineering und Optimierung. 13 Module führen eine Implementierung im Zusammenhang mit Business Process oder Workflow-Management-Systemen an.

Richtet man das Augenmerk auf wenig genannte Themen, so fällt etwa auf, dass strategische Aspekte nur neunmal aufgeführt werden, Kennzahlen oder Prozesscontrolling nur achtmal. Prozessdokumentation (über die eigentliche Modellierung hinaus) wird nur viermal erwähnt, das Thema Simulation nur dreimal. Möglicherweise hängt dies auch mit der geringen Nutzung von Petri-Netzen zusammen, die zudem – wenn überhaupt – auch in der GPM-Literatur nur hinsichtlich der Basiskonzepte vermittelt werden. Dabei halten gerade höhere Petri-Netze, wie noch dargestellt werden soll, spannende Möglichkeiten bereit, um Software für IMS zu innovieren. Die für die betriebliche Praxis interessanten sowie wichtigen Normen und Zertifizierungen finden sich in keiner Modulbeschreibung.

Thema	Häufigkeit des Vorkommens
Anforderungsanalyse	7
Automatisierung / RPA	BPMS & WfMS: 13 / RPA: 1 / Sonst: 7
Dokumentation	4
Implementierung	SAP: 2 / Sonst: 11
Integration	5
Kennzahlen / Controlling	8
Lifecycle	5
Mathematische Grundlagen	Graphentheorie: 2 / Sonst: 1
Modellierung	25
Modellierungssprachen	BPMN: 23 / EPK: 12 / BPEL: 3 / Petri-Netze: 2 / Sonst: 17
Modellierungstools	ARIS: 5 / Camunda: 4 / Signavio: 1 / Sonst: 10
Process Mining	5
Prozessanalyse & Tools	17
Reengineering / Optimierung	17
SCOR	2
Sichten	ARIS-Haus: 6 / Sonst: 3
Simulation	3
Strategische Instrumente	Landkarten: 7 / Kultur: 1 / Strategieentwicklung: 1
Sonstiges	Prozesskostenrechnung: 5 / Sonst: 9

Tabelle 4: Prozessmanagement-Themenfelder der untersuchten Module

5 Anforderungen an Software für hochintegrierte Managementsysteme

Verbindet man die Sichtweisen auf Prozessmanagement für die Etablierung integrierter Managementsysteme und seine gestalterische Aufgabe gemäß der Wirtschaftsinformatik, so lassen sich hieraus **hochintegrierte Managementsysteme** *bilden, worunter die Autoren Integrierte Managementsysteme verstehen, die zusätzlich zur ganzheitlichen Dokumentation eine multiperspektivische Simulation über die unterschiedlichen Managementsysteme hinweg ermöglichen.* Denn während bereits jetzt die Themen *Leiten und Lenken* in IMS und unterstützender Software umfassend abgebildet werden, sind die Themen *Planung und Transformation* noch unterrepräsentiert. Hierfür wären prognostische Komponenten wünschenswert. Ein Beispielszenario soll dies erläutern:

Aufgrund regulatorischer Anforderungen strebt ein Unternehmen die Dekarbonisierung seiner Produktion an und hinterlegt hierfür im Umweltmanagementsystem die zu erwartenden Kosten für Emissionszertifikate. Gleichzeitig fragen Kunden den CO_2-Fußabruck von Produkten nach, was zu entsprechenden Einträgen im Qualitätsmanagementsystem führt. Eine emergent simulative Planung könnte die Wechselwirkungen zwischen diesen beiden Systemen aufzeigen, aber auch die Auswirkungen auf andere angeschlossene Systeme wie bspw. das Energiemanagement oder auch die Produktion selbst liefern. Hierfür müsste diese Simulation umfassend mit aktuellen Produktionsdaten verknüpft werden können.

Prozesse müssen also ganzheitlich und zielorientiert verändert werden, weswegen eine multiperspektivische Simulation notwendig ist. Dennoch werden Prozesse in marktüblichen Systemen derzeit zumeist statisch mit EPK oder BPMN dargestellt. *Instanzsimulationen* können hier immerhin wertvolle Informationen hinsichtlich der korrekten Ausführbarkeit der Prozesse

liefern [Mü12], [WaNW09]. Doch da für diese keine formale mathematische Semantiken definiert sind, können Simulationen toolabhängig variieren, wie auch Hersteller einräumen [FrRü19]. Vor diesem Hintergrund scheint eine Rückbesinnung auf *Petri-Netze* hilfreich zu sein, und zwar aus gleich zwei Gründen:
- Als theoretischem Unterbau von *Process Mining* lassen sich mit Petri-Netzen Modelle vollautomatisch aus Transaktionsdaten betrieblicher Informationssysteme generieren, was die eigentliche Modellierungsaufgabe signifikant vereinfacht und für eine bessere Übereinstimmung von Realität und Modell sorgt. [Aals16]
- Mit *höheren Petri-Netzen*, bei denen die Stellen wie Tabellen einer Datenbank interpretiert werden, lassen sich komplexe Produktionsabläufe nicht nur modellieren, sondern auch Konsequenzen aus strategischen Veränderungen prognostizieren, wie etwa beim Wechsel von einer Push- zu einer Pull-Produktion. [SiHa20], [SiHZ21]

In beiden Anwendungsbereichen von Petri-Netzen werden leistungsfähige Modellierungs-, Analyse- und Simulationswerkzeuge benötigt. Diese sind aber inzwischen verfügbar und sie besitzen zeitgemäße Benutzungsschnittstellen. Eine Verschmelzung mit den Anforderungen an Software zur Unterstützung integrierter Managementsysteme steht jedoch noch aus.

Abbildung 2 visualisiert den Anspruch an ein *hochintegriertes Managementsystem* sowie an Software zu seiner Unterstützung. Ziel ist eine optimale Informationsversorgung in der Gegenwart, indem die aktuelle Situation abgebildet wird und gleichzeitig Prognosen für die Zukunft ermöglicht werden. Je länger die Modellerstellung zur Abbildung der aktuellen Situation zurückliegt, umso größer ist die Abweichung zwischen Realität und Dokumentation. Ebenso nimmt die Eintrittswahrscheinlichkeit von Prognosen ab, je weiter diese in die Zukunft projizieren. Damit einher geht der Wunsch nach neuen Funktionalitäten, die über die Möglichkeiten aktueller Software für IMS hinausgehen.

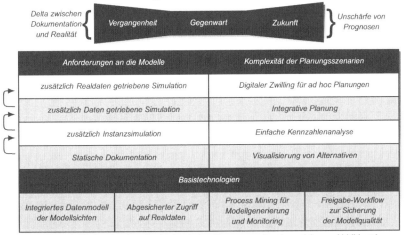

Abbildung 2: Merkmale eines hochintegrierten Managementsystems (eigene Abbildung)

Diese Funktionalitäten sind im mittleren Teil der Abbildung dargestellt, wobei die Anforderungen an die Modelle und ihre Ausführung bzw. Analyse mit der Komplexität der mit ihnen ausdrückbaren Planungsszenarien zunimmt. Ausgehend von einer statischen Dokumentation steigen die Ansprüche bzgl. der Simulierbarkeit. Eine Simulationsumgebung, die Prozesse parallel zur Realität aufgrund von eingespeisten Realdaten simulieren kann, darf als *digitaler Zwilling* dieser Realität betrachtet werden.

Hinzu kommen Anforderungen bzgl. der Basistechnologien, die eine Modellintegration und eine betriebliche Verwendung überhaupt erst ermöglichen. Diese reichen von der Datenhaltung, einem abgesicherten Zugriff bis hin zu Freigabeworkflows, über die die notwendige Modellqualität sichergestellt werden kann.

Für die Entwicklung entsprechender Systeme gibt es zwei Optionen: Entweder werden die Simulationsmöglichkeiten in Software zur Unterstützung integrierter Managementsysteme erweitert, etwa in Anlehnung an die Möglichkeiten höherer Petri-Netze; oder Simulationswerkzeuge, die oftmals auf die Abbildung einzelner Szenarien ausgerichtet sind, werden um Funktionalitäten wie eine Verwaltung mitgeltender Unterlagen, Monitoring von Kennzahlen und Freigabeworkflows erweitert, so dass die für regulatorische Zwecke notwendigen Anforderungen an eine ordnungsgemäße Dokumentation erfüllt werden. Hier dürfen spannende Weiterentwicklungen erwartet werden.

Literaturverzeichnis

[Aals16]   Aalst, van der, W.; Process Mining, 2. Auflage. Springer, Heidelberg, 2016.

[Ad++13]   Adam, D.; Riegel, N.; Jeswein, T.; Koch, M.; Imal, S.: Studie BPM Suites. Fraunhofer IESE, Kaiserslautern, 2013.

[BrJu19]   Brugger-Gebhardt, S.; Jungblut, G.: Die DIN EN ISO 50001:2018 verstehen. Springer, Heidelberg, 2019.

[Fisc13]   Fischermanns, G.: Praxishandbuch Prozessmanagement. Verlag Dr. Götz Schmidt, Gießen, 2013.

[Foos20]   Foos, J.: Marktüberblick für Software zum Prozessmanagement. Masterthesis, Hochschule Worms, 2020.

[FOSS20]   Fleischmann, A.; Oppl, S.; Schmidt, W.; Stary, C.: Contextual Process Digitalization. Springer Open, Cham, CH, 2020.

[FrRü19]   Freund, J.; Rücker, B.: Praxishandbuch BPMN, 6. Auflage. Hanser, München, 2019.

[Gada20]   Gadatsch, A.: Grundkurs Geschäftsprozessmanagement, 9. Auflage. Springer Vieweg, Wiesbaden, 2020.

[Gait07]   Gaitanides, M.: Prozessorganisation, 2. Auflage. Vahlen, München, 2007.

[GI2017]   Gesellschaft für Informatik e.V. (GI): Rahmenempfehlungen für die Ausbildung in Wirtschaftsinformatik an Hochschulen. GI-Empfehlungen, 2017.

[HaMN19]   Hansen, H. R.; Mendling, J.; Neumann, G.: Wirtschaftsinformatik, 12. Auflage. De Gruyter, Berlin, 2019.

[Hier17]   Hierzer, R.: Prozessoptimierung 4.0. Haufe, Freiburg, 2017.

[HLS2012]   International Organization for Standardization: High-Level Structure. Management System Standards: Annex SL. ISO, 2012, https://www.iso.org/management-system-standards.html. Abruf am: 2021-03-29.

[Hofm20]   Hofmann, M.: Prozessoptimierung als ganzheitlicher Ansatz. Springer Gabler, Wiesbaden, 2020.

[ISO9000]	International Organization for Standardization: Quality management systems – Fundamentals and vocabulary. ISO, 2015, https://www.iso.org/standard/45481.html. Abruf am: 2021-03-29.
[KoPö14]	Koubek, A.; Pölz, W.: Integrierte Managementsysteme. Hanser, München, 2014.
[KuBö17]	Kuntsche, P.; Börchers, K.: Qualitäts- und Risikomanagement im Gesundheitswesen. Springer Gabler, Wiesbaden, 2017.
[Mü12]	Müller, C.: Generierung von Simulationsmodellen aus ereignisgesteuerten Prozessketten. In: Barton, T.; Erdlenbruch, B.; Herrmann, F.; Müller, C.; Schuler, J. (Hrsg.): Tagungsband zur 25. AKWI-Tagung, 2012, S. 55-64.
[Neum17]	Neumann, A.: Integrative Managementsysteme. Springer, Heidelberg, 2017.
[ScSe13]	Schmelzer, H. J.; Sesselmann, W.: Geschäftsprozessmanagement in der Praxis. Hanser, München, 2013.
[SiHa20]	Simon, C.; Haag, S.: Simulatable Reference Models to Transform Enterprises for the Digital Age – A Case Study. In: Steglich, M.; Müller, C.; Neumann, G. Walther, M. (Hrsg.): ECMS 2020: 34th International European Conference on Modelling and Simulation, 2020, S. 294-300.
[SiHZ21]	Simon, C.; Haag, S.; Zakfeld, L.: Showing the Advantages of Pull over Push Production with the Aid of Petri Nets, In: Koschmider, A.; Michael, J. (Hrsg.): EMISA Forum, 2021 (akzeptiert).
[WaNW09]	Wagner, G.; Nicolae, O.; Werner, J.: Extending Discrete Event Simulation by Adding an Activity Concept for Business Process Modeling and Simulation. In: Proceedings of the 2009 Winter Simulation Conference, 2009, S. 2951-2962.

Kontakt

Prof. Dr. Carlo Simon
Hochschule Worms
Erenburgerstraße 19, 67549 Worms
T +49 6241 509-369, simon@hs-worms.de

Stefan Haag
Hochschule Worms
Erenburgerstraße 19, 67549 Worms
T +49 6241 509-424, haag@hs-worms.de

Lara Zakfeld
Hochschule Worms
Erenburgerstraße 19, 67549 Worms
T +49 6241 509-422, zakfeld@hs-worms.de

Analyse von Data-Warehouse-Daten mit WebVR am Beispiel von GBI

Michael Höding

Zusammenfassung

Das multidimensionale Datenmodell zur Verwaltung analytischer Daten in Data Warehouses ist ein etablierter Ansatz. Für interaktive Analysen stehen zahlreiche Softwaresysteme zur Verfügung. Die konzeptionelle Fundierung nutzt eine Menge von Cube-Operationen zur Beschreibung von Analyseschritten. Die Darstellung erfolgt meist zweidimensional durch Spreadsheets oder Pivot-Tabellen. Der in diesem Beitrag diskutierte Ansatz untersucht die Nutzung von VR-Systemen zur explorativen Datenanalyse. Es handelt sich dabei um Work in Progress. Für die Realisierung von Prototypen wird die WebVR-Technologie eingesetzt. Basis ist das in der SAP-Lehre weit genutzte GBI-Modell. Erste Prototypen illustrieren die Möglichkeiten des Ansatzes. Eine systematische Evaluation ist Gegenstand aktueller Forschung. Ein weiteres Ziel der Prototypen ist die Untersuchung der erweiterten Interaktionsmöglichkeiten aktueller VR-Systeme.

1 Motivation und Vorgehen

Die explorative Datenanalyse ist ein etabliertes Mittel zur Unternehmenssteuerung [SB97, NG08]. Historisch haben sich hier Data-Warehouse-Systeme etabliert, die als eigenständige Systeme als Datenquelle operative Systeme wie ERP genutzt haben [Imm96]. Aktuelle Ansätze streben eine integrierte Lösung von operativen und analytischen Systemen an, z. B. auf Basis von In-Memory-Technologie [May15]. Die Metapher des Datenwürfels dient zur Veranschaulichung und zur Nutzung des Datenbestandes für die interaktive Exploration.
In Zusammenhang mit der Ausbildung von IT-Studenten werden solche Systeme, Beispieldaten und Lehrkonzepte von der SAP University Alliance bereitgestellt. Die dabei genutzte Beispielfirma heißt Global Bike Inc. und ist Basis für zahlreiche Fallstudien in nahezu allen betriebswirtschaftlich relevanten Anwendungsgebieten. Für die Lehre im Bereich Business Intelligence/Data Warehouse haben Hagen und Freyburger ein Datenmodell entwickelt [HF16]. Die in der SAP-Lehre eingesetzten Interfaces und Frontends nutzen zweidimensionale Darstellungen wie Pivot-Tabellen. Um eine dritte Dimension darzustellen wird u. a. auf geschachtelte Tabellen zurückgegriffen. Andere Wege, z. B. die Einfärbung von Dimensionen oder Fakten, werden ebenfalls genutzt. Diese Ansätze sind durch die menschliche Wahrnehmungsfähigkeit beschränkt. Trotz dieser Einschränkungen stellen die Interfaces eine etablierte Möglichkeit zur auf Benutzerintelligenz basierenden Datenexploration dar [TS20].
Eine Alternative zum flachen Bildschirm bieten VR-Technologien [BC03]. VR-Brillen sind seit mehreren Jahren verfügbar und haben sich vor allem durch die Unterhaltungsindustrie stark verbreitet. Sie erlauben das Eintauchen in eine dreidimensionale Welt. Zudem füllen sie das Sichtfeld des Benutzers mit 110 Grad nahezu vollständig aus und nutzen das periphere Sehen. Bildschirme bieten oft nur ein Sichtfeld von 60 Grad. Interessant sind weiterhin die zusätzlichen Interaktionsmöglichkeiten durch die Controller von VR-Systemen, die einerseits die

Bewegung im virtuellen Raum unterstützen und andererseits Interaktionsmöglichkeiten bieten, die über die Möglichkeiten der physischen Realität hinausgehen.

Auf Basis dieser Überlegungen soll die Anwendung von VR-Techniken in einem laufenden Projekt untersucht werden. Die Forschungsmethode ist konstruktionsorientiert und nutzt die Erstellung und Evaluierung von Prototypen. Bei der Entwicklung von Prototypen wird die WebVR-Technik genutzt und evaluiert. Hier sind die Bereiche Darstellung und Interaktion zu betrachten. Die Evaluierung einzelner Prototypen erfolgt im Rahmen eines iterativen Vorgehens.

2 Grundlagen

2.1 Data Warehousing

Data Warehousing ist eine etablierte Technologie zur analytischen Datenverarbeitung. Die von Immon vorgeschlagene Trennung von operativer Datenbank und analytischer Datenbank ermöglicht die Speicherung mittels eines mehrdimensionalen Datenmodells. Hierbei werden Kennzahlen (Fakten) als Elemente eines Würfels gespeichert, die durch Dimensionswerte an den Kanten beschrieben werden. Die Dimensionen sind dabei in der Regel hierarchisch organisiert. Auch wenn die allgemeine anschauliche Darstellung als dreidimensionaler Würfel erfolgt, sind höhere Dimensionen üblich.

Für die Analyse ist ein Satz von Cube-Operationen etabliert [DT99]. Sie stellen intuitive anwendungsorientierte Interaktionsmöglichkeiten dar. Ein *Drill Down* entspricht dem Informationsbedürfnis des „Genauer-Hinschauen-Wollens". Ein *Roll Up* ermöglicht hingegen das Schaffen von mehr Übersicht durch Aggregation.

Operation	Beschreibung	Implementierung	Beispiel
Slicing	Herausschneiden einer Datenscheibe durch Beschränkung auf einen Wert bzgl. einer Dimension	WHERE condition mit Konstantenselection	Nur 2014
Dicing	Extraktion eines Teilwürfels durch Bereichsselektion	WHERE start_val < dimension_value < end_val	Nur Jahre 2015 -2017 und USA
Drill Down	Detaillierung der Ansicht entlang einer Dimensionshierarchie	detailed projection (SELECT) and GROUP BY attribute	Jahr→Monat
Roll Up	Aggregation entlang einer Dimensionshierarchie	Vice versa drill down	Monat→Jahr
Pivoting	Tausch der Dimensionen in der Darstellung	Reihenfolgeänderung der Dimensionsattribute in SELECT oder in der Präsentationskomponente	Vgl. Abb 4

Tabelle 1: Typische Würfeloperationen und Umsetzung

Für die Umsetzung und Nutzung der multidimensionalen Datenanalyse gibt es zahlreiche Produkte. Ein traditioneller Ansatz bedient sich relationaler Datenbanken. Durch ROLAP (Relational Online Analytic Processing) werden mittels Star- oder Snowflake-Schema die mehrdimensionalen Daten gespeichert [MIK07]. Einige Datenbankmanagementsysteme (DBMS) bieten zur komfortablen und effizienten Speicherung zusätzliche Datentypen, Operatoren und

Indexstrukturen. Allerdings ist eine ansatzweise Implementierung auch mit Standard-SQL möglich, wobei nur kleinere Datenwürfel performant nutzbar sind.

Weiterhin existieren zahlreiche spezielle analytische Systeme. Hier wird auf Transaktionssicherheit verzichtet, um hohe Performance und Interaktivität zu erreichen. Als dritte Möglichkeit etablieren sich In-Memory-DBMS wie SAP HANA [May15]. Sie überwinden die Trennung von operationalem System und analytischem System, indem spezielle Strukturen und die Nutzung sehr großer Hauptspeicher sowohl Analyseperformance als auch Transaktionssicherheit bieten.

2.2 VR-Technologie

Die Nutzung von VR-Technologie für Data Warehousing ist ein vielversprechender Ansatz, der u. a von den Fraunhofer Wissenschaftlern Coors und Jung in [CJ98] diskutiert wurde. Virtual Reality wird als Oberbegriff für eine Reihe von Technologien und Anwendungen genutzt, die vor allem die Nutzung dreidimensionaler und interaktiver Darstellungen beinhalten. Das Verständnis ist dabei sehr breit. So wird einerseits versucht, die Realität möglichst genau nachzubilden und ein reales Eintauchen zu ermöglichen. Am anderen Ende des Spektrums geht es hingegen um die Erweiterung der Realität, etwa um Aspekte, welche die normale Physik nicht ermöglicht [CL19].

Diese Spanne findet sich auch in einer der Hauptanwendungen von VR wieder – in der Spiele- und Unterhaltungsbranche, wo sich zum Beispiel in realen Welten künstliche Wesen (Saurier, Pokemons) bewegen oder sogar interagieren. Der Unterhaltungsindustrie verdanken wir auch die Entwicklung und allgemeine Verfügbarkeit leistungsfähiger Hardwarekomponenten und Softwaresysteme.

Die Grundlagen wurden dabei bereits durch Computergraphikforschung (CAD, CAGD) gelegt [FH00]. Effiziente Algorithmen nutzten Forschungsergebnisse aus dem Bereich der Numerik z. B. zum Rendern dreidimensionaler Modelle. Im VR-Kontext werden diese Darstellungen sehr schnell gerendert, sodass durch Bildwiederholraten größer 25 Frames/Sekunde ein bewegtes Bild entsteht.

Aktuell werden derartige Weltmodelle bereits durch Webbrowser unterstützt. Mit WebVR steht eine Technologie zur Verfügung, die sehr einfach erzeugbare komponentenbasierte Modelle darstellt, die durch die A-Frame-Technologie einfach benutzbar sind [SC19]. A-Frame ist ein Framework, das als Erweiterung von HTML5 die VR-Modelle unterstützt. Es nutzt ein Entity-Component-System (ECS-Architektur). So können komplexe Weltmodelle erzeugt und verwaltet werden. Die Darstellung erfolgt dabei durch einen WebVR-fähigen Internetbrowser. Aktuelle VR-Brillen und ihre Controller werden unterstützt. Interaktion und Manipulation von VR-Modellen kann durch bekannte DOM-Techniken realisiert werden.

2.3 *Beispiel: Global Bike Inc. (GBI)*

GBI ist das Beispielunternehmen, das von der SAP University Alliance für nahezu alle Curricula genutzt wird. Der Datensatz beschreibt ein internationales Unternehmen, das Fahrräder und Zubehör verkauft. Für die Lehre im Business-Warehouse-Bereich haben Freyburger und Hagen eine Beispieldatenbank erzeugt, die auf GBI basiert (HF16).

Es werden die drei Dimensionen Zeit, Produkt und Geografie/Customer gespeichert.
- In der geografischen Dimension existieren vier Hierarchieebenen: Country → Sales Org → City → Shop.
- Die Produkthierarchie umfasst drei Hierarchieebenen: Divison → Category → Produkt.

- Die Faktentabelle umfasst etwa 100.000 Einträge. Die hier genutzte Kennzahl ist der Umsatz.

Die zeitliche Dimension umfasst die Jahre 2007 bis 2017. Der Datensatz enthält eine Reihe von Besonderheiten, z. B. das Aufkommen von E-Bikes und der nur sehr kurzzeitige Verkauf sogenannter Hoverboards. Es gibt eine Reihe von didaktisch erprobten Übungsaufgaben und Fallstudien.

3 Architekturvorschlag und Prototyp-Implementierung

Der aktuelle Stand des Projektes nutzt die übliche Client-Server-Architektur (vgl. Abb. 1). Zur Untersuchung von Darstellungs- und Interaktionsmöglichkeiten wird der GBI-Datensatz mit etwas über 100.000 Fakten genutzt. Er wurde in ein relationales DBMS (MySQL) geladen und als einfaches Star-Schema bereitgestellt.

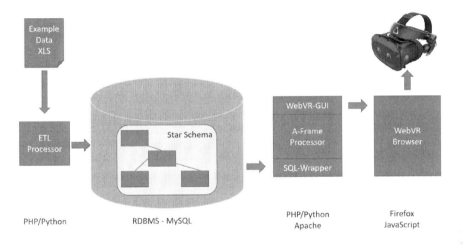

Abbildung 1: Genutzter Architekturvorschlag

Der ETL-Prozessor zur Befüllung des Star-Schemas wurde in einer Skriptsprache implementiert. Dadurch sind Ergänzungen und Modifikationen einfach umsetzbar. Die Aufbereitung der Daten in eine dreidimensionale Darstellung erfolgt ebenfalls durch eine Skriptsprache. Dabei wird zunächst eine statische Darstellung benutzt, die aber durch den VR-Ansatz bereits Immersion und eine „Wanderung" durch die Datenwelt erlaubt. Die Darstellung erfolgt generisch auf Basis von parametrisierten SQL-Anfragen.

4 Prototypen

Die ersten Prototypen wurden im Rahmen studentischer Projekte erstellt. Die hierbei genutzten Techniken entsprechen der Architektur nach Abb. 1. Für die Generierung der VR-Welt wurde das Framework A-Frame genutzt. Die implementierten Beispiele ermöglichen das Kennenlernen der Komponenten, insbesondere der VR-Technologie. Zum Einsatz kam dabei eine HTC-Vive-Brille mit zugehörigen Controllern.

4.1 Prototyp A

In der ersten Implementierung wurden Balkendiagramme auf einer 2-D-Ebene zur Darstellung genutzt (vgl. Abb. 2). Ziel war es zunächst, eine anschauliche Repräsentation der Daten zu erzeugen. Aus diesem Grund erfolgte der Einstieg mit den Ebenen Zeit (Hierarchiestufe Jahr) und Kunde (Hierarchiestufe City). Der Beispieldatensatz repräsentiert 10 Jahre, 23 Cities und damit 230 Umsatzwerte. Damit war ein erster Spaziergang durch die Daten möglich. Des Weiteren wurde die Pivotierungsoperation testweise implementiert.

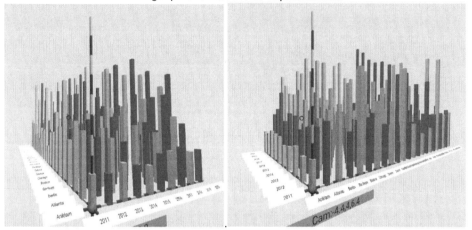

Abbildung 2: Prototyp A, Pivotierung

Die Darstellung erlaubt durch die Betrachtung aus verschiedenen Blickwinkeln den Vergleich von Zeitverläufen bzw. Kunden. Die in Abb. 3 genutzte alphabetische Sortierung ist allerdings nicht sinnvoll.

4.2 Prototyp B

Im zweiten Prototyp wurde die Nutzung der dreidimensionalen Darstellung für die gleichzeitige Anzeige der drei Dimensionen des Data Cubes genutzt. Die Visualisierung der Kennzahlen erfolgte als Kugel, wobei der Radius die Kennzahl (hier Umsatz) veranschaulicht. Die Wahl der Skalierungsfunktion ist hierbei kritisch. Bei einer linearen Skalierung führt ein Faktor 1/max dazu, dass die größte Kugel einen Standardwürfel einnimmt.

Die in Abb. 3 zu sehende Verschmelzung großer Kugeln ist auf einen Faktor größer 1/max zurückzuführen. Am anderen Ende der Skala hat man das Problem, dass sehr kleine Kennzahlenwerte zu kleinen, nahezu unsichtbaren Kugeln führen. Hier wurde eine rote Minimalkugel mit dem Radius 0.1 als Darstellung vorgeschlagen. Eine Alternative könnte in der Nutzung logarithmischer Skalen liegen.

Es hat sich weiterhin gezeigt, dass für die interaktive Datenexploration Wertebeschriftungen als Orientierungs- und Informationspunkt notwendig sind. Notwendig ist zwingend eine Slice-Funktion um innere Slices untersuchen zu können. Ein vielversprechender Ansatz dabei ist die Nutzung einer Transparenz-(Opaque)-Darstellung der ausgeblendeten Daten, sodass ein Zusammenhang sichtbar bleibt. Fraglich ist allerdings, ob es hierbei zu Performance-Problemen kommt.

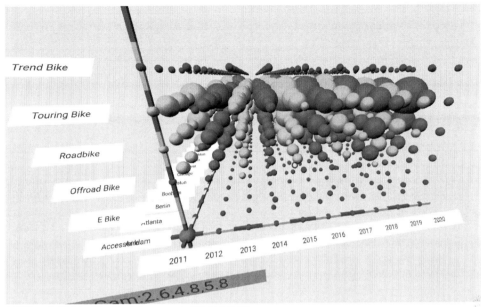

Abbildung 3: Gleichzeitige Darstellung von drei Dimensionen

4.3 VR-Darstellung und Cube-Operation

In der nächsten Projektphase ist die Implementierung von interaktiven Würfel-Operationen geplant. Es sollen alternative Ansätze zur Umsetzung untersucht werden können. Der in Abb. 4 skizzierte Ansatz kann als Multi-Welt-Modell bezeichnet werden, bei dem der Nutzer neben der einfachen Navigation in einem Datenraum auch durch Springen in alternative Datenräume wechseln kann. Auch echte dynamische Interaktion, z. B. durch dynamisches Nachladen, soll betrachtet werden.

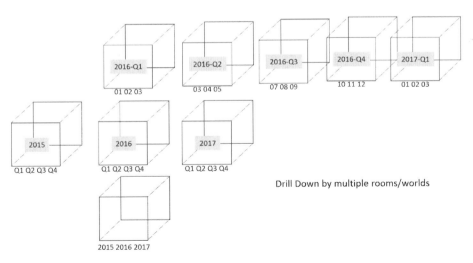

Abbildung 4: Würfel-Operation in Datenräumen

Für die Visualisierung von Daten gibt es zahlreiche Diagrammtypen. Der erste Prototyp nutzt als einfachsten Darstellungstyp Balkendiagramme oder Kugelhaufen. Die Daten repräsentieren sich dabei als Sammlung von Wolkenkratzern bzw. Kugeln, die man durchwandern kann.

5   Zusammenfassung und Ausblick

Die Implementierung der Prototypen hat gezeigt, wie man aus einem einfachen mehrdimensionalen Datensatz dreidimensionale VR-Modelle generieren kann. Dabei konnten erste Erfahrungen und Ergebnisse gesammelt werden:
- Die Performance für DB-Anfragen ist ausreichend für den kleinen Beispieldatensatz
- Eine Darstellung auf einem normalen Bildschirm ist möglich und kann bei der Entwicklung helfen
- Die 2-D-Darstellung ist nicht ausreichend für die echte Untersuchung neuer Interaktionsmöglichkeiten
- Sehr aufwendig bei der Modellerzeugung ist die Auswahl der Szene, inkl. Beleuchtung, Kamera und Nutzung von Farbe sowie von weiteren Darstellungsaspekten
- Der beim Prototyp A gewählte Ansatz "by programming" ermöglicht große Freiheiten – allerdings ist der Aufwand recht hoch

Die ersten Prototypen zeigen die grundlegende Eignung der Architektur für Experimente. Es ergeben sich daraus Aufgabenpakete in den folgenden Bereichen:
1. Überarbeitung und Integration der Prototypen
2. Generische SQL-Schnittstelle
3. Alternative Darstellungsmöglichkeiten und Diagrammtypen
4. Ausnutzung der Interaktionsmöglichkeiten aktueller VR-Technik
5. Systematische Evaluierung in Experimenten

Während es bei den ersten beiden Aufgaben vor allem um Implementierungsfragen und Performance-Optimierungen geht, für die es zahlreiche Vorschläge gibt, verlangen die Aufgabenfelder 3 und 4 ein offenes konzeptionelles Vorgehen. Hierbei müssen weitere Grundlagen der Computergraphik, des Interface-Designs und der Interaction-Designs aufgearbeitet werden. Die Vorschläge, die bei einer konzeptionellen Diskussion als vielversprechend ausgewählt werden, sollen experimentell untersucht werden. Dies kann im Rahmen von Lehrveranstaltungen erfolgen.

Literaturverzeichnis

[BC03]   Burdea, Grigore. C.,Coiffet Philippe: Virtual Reality Technology, 2nd Edition. Wiley, London, 2003.

[CL19]   Chen, Peng, Li Yan Jin: Visualization of Virtual Scene Based on HTC Vive Interactive System. In: 4th ICCCS 2019, Pages 425-429. Singapore, 2019.

[CJ98]   Coors Volker, Jung Volker: Using VRML as an interface to the 3D data warehouse. In: VRML 98, Montereay CA USA, 1998.

[DT99]   Datta, Anundya, Thomas H.: The cube data model: a conceptual model and algebra for on-line analytical processing in data warehouses. In: Decision Support Systems (Elsevier) 27, no. 3 (1999): 289-301.

[FH00]   Farin, Gerald., Hansford Dianne: The Essentials of CAGD. In: A K Peters/CRC Press,2000.

[HF16]   Hagen, Tobias, Freyburger, Klaus: Neue Technologien als integraler Bestandteil eines Business Intelligence Curriculums am Beispiel von SAP BW on HANA (In German). In Multikonferenz Wirtschaftsinformatik (MKWI), Eds: Nissen et. al, 741-750. Ilmenau: Springer, 2016.

[Imm96] Immon, Bill: Building the Data Warehouse. Wiley, London, 1996.

[May15] May, Norman et. al.: SAP HANA - From Relational OLAP Database to Big Data Infrastructure. In Proc, of EDBT 2015: 581-592, Bruessel, 2015.

[MIK07] Morfonios, Kinstantinos., Konakas, Stratis, Ioannidis, Yannis, Kotsis, Nikolaos: ROLAP implementations of the data cube. In: ACM Computing Surveys 39, no. 4 (2007): 12.

[NG08]   Negash, Solomon, Gray, Paul: Business Intelligence. In: Handbook on Decision Support Systems 2: Variations, Frada Burstein and Clyde W. Holsapple, 175-193. Berlin: Springer, 2008.

[SC19]   Santos, Solange G., Cardoso, Jorge C. S.: Web-based Virtual Reality with A-Frame. 14th Iberian Conference on Information Systems and Technologies (CISTI). Coimbra, 2019.

[SB97]   Smith, Alex, Berslon, Stephen J.: Data Warehousing, Data Mining & OLAP. New York: McGraw Hill, 1997.

[TS20]   Tominski, Chirstian, Schumann, Heidrun: Interactive Visual Data Analysis. A K Peters/CRC Press, 2020.

Kontakt

Prof. Dr.-Ing. Michael Höding
TH Brandenburg
Magdeburger Straße 50, 14770 Brandenburg
hoeding@th-brandenburg.de

Semi-automatische Abfrage und Verknüpfung offener bibliografischer Daten als ergänzendes Feature eines Digitalen Modulkatalogs

Vera G. Meister, Wenxin Hu, Philipp Bolte, Jens Kitzmann

Zusammenfassung

Es wird ein vertikaler Forschungsprototyp vorgestellt, der in Kooperation mit Studierenden des Masterstudiengangs Wirtschaftsinformatik im fortgeschrittenen Wahlpflichtmodul „Enterprise Knowledge Graph Implementation" entwickelt wurde. Im Ergebnis wird die bestehende prototypische Fachanwendung „Digitaler Modulkatalog" um ein Feature ergänzt, das die Eingabe, Pflege, Bereitstellung, Nutzung und Auswertung von Literaturreferenzen in Modulen und Studiengängen unterstützt. Es werden offene bibliografische Daten abgerufen und in den der Anwendung zugrunde liegenden Wissensgraphen eingebunden, was die genannten Prozesse erleichtert und umfassendere Auswertungsmöglichkeiten schafft.

1 Einleitung und Motivation

Hochschulen zeichnen sich seit jeher dadurch aus, dass IT-Innovationen nicht nur von externen Akteuren (Markt, Politik, Community), sondern auch von internen Aktivisten aus wissenschaftlichen Rechenzentren, Laboren oder Forschungsgruppen getrieben werden. Auslöser dafür ist zumeist ein Bündel an sehr spezifischen Anforderungen oder ein besonderes Forschungsinteresse.
Im betrachteten Fall des Digitalen Modulkatalogs kommen beide Aspekte zusammen. Die verfügbaren Informationssysteme zur Pflege und Bereitstellung von Modulbeschreibungen decken nur einen Bruchteil der realen Anforderungen ab (s. [MeBe18], [MeHP19]). Zugleich erscheint es legitim, den praktischen Nutzen Wissensgraph-basierter Technologien in diesem Anwendungsfall hochvernetzter Daten zu erproben. So wurde im Frühjahr 2020 der Prototyp einer Fachanwendung für das verteilte Editieren von Modulbeschreibungen mithilfe eines Softwaretests evaluiert [MHR+21].
Die Datenbasis umfasste die Modulbeschreibungen von sieben Studiengängen aus zwei Fachbereichen, allerdings ohne die Literaturangaben. Mit der eingesetzten Methode der semi-automatischen Population der Graph-Datenbank hätten grundsätzlich auch die Literaturempfehlungen als unstrukturierte Texte übernommen werden können. Das Projektteam hatte sich dagegen entschieden, da bei dieser Datenkategorie ein höherer Vernetzungs- und Strukturierungsgrad unter Nutzung offener bibliografischer Daten angestrebt wurde.
An dem ergänzenden Feature zur semi-automatischen Abfrage und Verknüpfung offener bibliografischer Daten wirkte ein Team aus drei Studierenden im Rahmen eines fortgeschrittenen Wahlpflichtmoduls im Master Wirtschaftsinformatik mit. Das Ziel der Forschungsarbeit bestand darin, den bestehenden Prototypen so zu erweitern, dass Modulverantwortliche befähigt werden, Literaturempfehlungen zu den Modulen aufwandsarm und standardisiert einzugeben. Tatsächlich übertraf das Projektteam dieses Ziel und stellte zugleich eine Vernetzung zu den Ressourcen der Hochschulbibliothek her, was die praktische Nutzbarkeit der Literaturempfehlungen in Modulbeschreibungen wesentlich verbessert.

2 Konzeptionelle Grundlagen

Grundlegende Entscheidungen zum Datenschema, dem Entwicklungsframework und zum Systemdesign waren durch den bestehenden Prototypen gesetzt. Der Digitale Modulkatalog nutzt die quelloffene Graph-Datenbank Apache Jena Fuseki, das Datenmodell basiert auf schema.org. Das sichert die semantische Anreicherung der Daten sowie die potenzielle Interoperabilität mit offenen Datenquellen. Die Serialisierung der Daten erfolgt mit Turtle, Abfrage und Update der Datenbank mit SPARQL 1.1 (https://jena.apache.org/, https://schema.org, https://www.w3.org/TR/turtle/, https://www.w3.org/TR/sparql11-query/). Um den Nutzer*innen visuelle Orientierung und unmittelbares Eingabefeedback bereitzustellen, wurden folgende Front-End-Technologien eingesetzt: SVG in Verbindung mit D3.js und das Client-seitige JavaScript-Framework Vue.js in Verbindung mit der Oberflächenbibliothek Vue Material Kit (https://www.w3.org/TR/SVG2/, https://d3js.org/, https://www.creative-tim.com/product/vue-material-kit). Den Kern der Anwendung bilden zwei interagierende Vue-Komponenten für den Navigationsgraphen und das Eingabeformular (Abb. 1). Alle Ressourcen sind auf GitHub öffentlich zugänglich (https://github.com/bmake/modcat-prototyp).

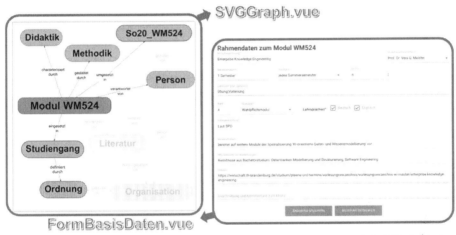

Abb.1: Interaktion der zwei zentralen Vue-Komponenten im Digitalen Modulkatalog (Beispiel Basisdaten)

In dieser Ausgangssituation definierte das Entwicklungsteam sechs Arbeitspakete (AP):
1. Datenfelder identifizieren (IST-Analyse)
2. Offene RESTful APIs ermitteln
3. Schema erweitern (SOLL)
4. User Journey erstellen und Mockups entwerfen
5. Datenbankabfragen erstellen
6. Vue.js-App erweitern

In AP 1 war zu klären, über welche Datenfelder die Graph-Datenbank im Ausgangszustand verfügt. Um das semi-automatische Einpflegen von Literatur umzusetzen, mussten in AP 2 offene APIs für bibliografische Daten identifiziert werden. Ausgehend von den Erkenntnissen aus AP 1 und AP 2 wurde in AP 3 eine Erweiterung des Schemas vorgenommen. In AP 4 wurden alle potenziellen Pfade zur Eingabe von Literaturreferenzen in das UI-Formular analysiert und in eine Mockup-Map übertragen. Dazu wurde das Onlineboard Miro verwendet (https://miro.com/app/board/o9J_IZU6rF8=/). Die letzten beiden Arbeitspakete umfassen die technische Implementierung.

3 Implementierung und Funktionen

In diesem Abschnitt werden die Ergebnisse der skizzierten Arbeitspakete und die dafür notwendigen Umsetzungsschritte dargestellt. Zunächst liegt der Fokus auf der Analyse und Anpassung des Schemas (AP 1 und 3) sowie auf der Entwicklung eines anforderungsgerechten Formulardesigns (AP 4). Die folgenden Unterabschnitte widmen sich der technischen Implementierung der semi-automatischen Abfrage und Verknüpfung offener bibliografischer Daten (AP 2, 5 und 6) sowie der Beschreibung des umgesetzten User Interfaces für die Pflege von Literaturreferenzen in Modulbeschreibungen.

3.1 Wissensschema und Formulardesign

Das bestehende Schema erwies sich als nahezu vollständig, es musste lediglich ein Attribut für die Erfassung der ISBNs von Büchern ergänzt werden. Abb. 2 zeigt den für das betrachtete Feature relevanten Schema-Ausschnitt einschließlich des neuen Attributs. Rot markierte Klassen und Relationen entstammen dem Vokabular schema.org. Grüne Elemente sind vom Projektteam definiert, für sie gibt es keine passende Entsprechung in schema.org.

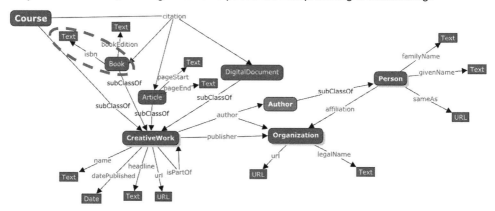

Abb. 2: Ausschnitt des grafischen Datenschemas für den Digitalen Modulkatalog einschließlich des neuen Attributs

Bei der Entwicklung des Formulardesigns wurden folgende Anforderungen spezifiziert:
1. Das Design soll sich an den bereits bestehenden Formularen orientieren.
2. Da ein strukturierter, bibliografischer Eintrag aus vielen Datenfeldern besteht, soll ein Umschalten zwischen Lese- und Bearbeitungsmodus möglich sein.
3. Je nach Art des Eintrags (Buch, Artikel, Webdokument) und der Verfügbarkeit offener bibliografischer Daten (über DOI, ISBN) sind mehrere Formularvarianten nötig.

Das bestehende Formulardesign unterstützt den Bearbeiter durch sich dynamisch in Größe und Sichtbarkeit anpassende Bezeichnungen der Formularfelder. Einträge bzw. Abschnitte werden durch feine Rahmenlinien strukturiert. Ein Listenpfeil am oberen rechten Rand eines solchen Rahmens erlaubt das Auf- und Zuklappen. Gleichartige Einträge (z. B. von Lernzielen oder eben Literaturreferenzen) können durch Verschieben umgeordnet oder gelöscht werden. Ein neuer Eintrag wird über eine kleine Plus-Taste generiert. Damit sind die Anforderungen 1 und 2 umgesetzt. Die Analyse von Anforderung 3 ergab sechs verschiedene Formularvarianten. Bücher und Artikel können eine DOI haben, ISBN liegen nur für Bücher vor. Literaturreferenzen ohne DOI oder ISBN werden manuell eingetragen. Das kann grundsätzlich alle drei Arten betreffen. Die Varianten unterscheiden sich jeweils nur in Details.

3.2 Abfrage und Verknüpfung offener bibliografischer Daten

Der Prozess der semi-automatischen Eingabe von Literatureinträgen wurde in Teilen durch das ORKG-Projekt inspiriert [JOF+19]. Im vorliegenden Fall werden bibliografische Daten über die doi.org-API (DOI) und die Google Books API (ISBN) abgerufen. Die zentrale Vue-Komponente für die Literaturreferenzen sorgt für die Anzeige und Bereitstellung aller Daten und Funktionen. Soll ein neuer Eintrag erstellt werden, erscheinen drei Funktionstasten (DOI, ISBN, Manual), über die weitere Spezialkomponenten aufgerufen werden. In den ersten beiden Fällen wird nur ein einfaches Eingabefeld für die DOI bzw. ISBN generiert. Nach Eingabe dieser Identifikatoren werden die oben dargestellten API-Anfragen angestoßen und die Daten visualisiert. Wird die manuelle Eingabe gewählt, so muss zunächst über ein Drop-down-Menü die Art des Eintrags gewählt werden (Buch – default, Artikel, Webdokument), um das Eingabeformular entsprechend anzupassen. Abb. 3 visualisiert diese Komponentenlogik und die adressierten Schnittstellen.

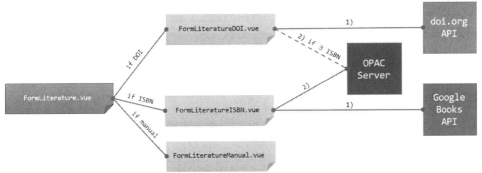

Abb. 3: Komponentenlogik und Schnittstellen für die Abfrage und Verknüpfung bibliografischer Daten

Im Folgenden wird die programmatische Umsetzung für die Option DOI-Eingabe dargestellt. Sie steht exemplarisch auch für die anderen beiden Optionen, da es Ähnlichkeiten in der Grundlogik gibt. Durch Klick auf den Laden-Button wird mit der angegebenen DOI eine Anfrage an die doi.org-API gesendet, deren Ergebnis zwischengespeichert wird. Dieses wird anschließend umstrukturiert, um Variationen im Antwort-Schema abzufangen und in der HTML-Oberfläche die Ergebnisse standardisiert darzustellen. Teil der API-Antwort ist zudem eine mögliche Menge an ISBNs des Artefakts, die bei Vorhandensein im nächsten Schritt verwendet wird, um einen potenziellen OPAC-Link der hochschuleigenen Bibliothek zu generieren. Dazu wird anhand eines standardisierten Schemas ein Permalink mit der ISBN generiert, dessen Seiteninhalt per GET-Anfrage abgerufen wird. Enthält die Antwort des OPACs den String "in die Merkliste", so ist die Literatur im OPAC vorhanden und der aus der API-Anfrage hinterlegte Link wird durch den OPAC-Link der Bibliothek ersetzt.

Die bibliografischen Daten aus den Anfragen werden anschließend automatisiert in das Formular übertragen, wo sie durch die/den Nutzer*in angepasst werden können. Die Felder des Formulars unterscheiden sich je nachdem, ob es sich bei der Literatur hinter der DOI um ein Buch oder einen Artikel handelt. Über ein Change-Event am Formular und an diversen anderen Stellen, wie z. B. nach der API-Anfrage und dem Abrufen des OPAC-Links, wird auf Basis der Daten im Formular eine Insert-Query generiert. Deren Ergebnis wird durch das Aussenden eines Events an die übergeordnete FormLiterature.vue weitergeben. So kann sichergestellt werden, dass alle Änderungen gemeinsam an den Fuseki-Server gesendet werden. Zudem wurden erste Grundlagen zur Duplikatsprüfung von Autor*innen entwickelt, die hier nicht näher betrachtet werden.

3.3 User Interface für die Pflege von Literaturreferenzen

Wie in Anforderung 1 (Abschnitt 3.1) bereits thematisiert, soll sich das Feature zur Eingabe und Pflege von Literaturreferenzen in das bestehende Oberflächendesign einordnen. Abb. 4 zeigt exemplarisch einen Screenshot des User Interfaces. Die gesamte Oberfläche besteht aus drei Bereichen: Im Header befinden sich neben dem Titel der Fachanwendung die Auswahlfelder für Studiengänge und Module. Der Kernbereich unterteilt sich in den Navigationsgraphen auf der linken Seite und den Formularbereich auf der rechten Seite. Über die Knoten im Navigationsgraphen können die jeweils zugehörigen Formulare aufgerufen und – bei Vorliegen entsprechender Berechtigungen – editiert werden. Im dargestellten Fall ist der Literatur-Knoten aktiviert – im Bild hervorgehoben durch einen gelben Rand. Da Literaturreferenzen auch Bezug zu Personen (Autoren) und Organisationen (Verlage) nehmen, sind automatisch auch diese Knoten und die zugehörigen Kanten optisch hervorgehoben.

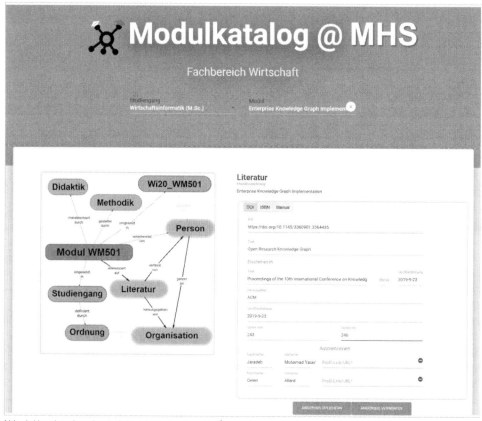

Abb. 4: User Interface für die Pflege von Literaturreferenzen (Ausschnitt DOI-Eintrag)

Die Ansicht des Formulars auf der rechten Seite entspricht einer Situation, in der ein Literatureintrag semi-automatisch durch Übermittlung einer DOI vorgenommen werden soll. Dafür wurde der Schaltknopf DOI aktiviert, die DOI eingegeben und über eine „Laden"-Taste die API-Abfrage und -verarbeitung eingeleitet. Sollten Angaben fehlen oder fehlerhaft zugeordnet sein, kann hier manuell korrigiert werden. Über die grauen Schalttasten unter dem Formular kann der neue Eintrag gespeichert oder verworfen werden.

4   Erwartete Auswirkungen durch das prototypische Feature

Ein Digitaler Modulkatalog ist eine Fachanwendung, die eine strukturierte Pflege, Ablage, Bereitstellung, Nutzung und Auswertung von Modulbeschreibungen ermöglicht. Es handelt sich also um eine Art Content-Management-System für Kurse und/oder Bildungsgänge oder eine Komponente im Rahmen eines Campus-Management-Systems. Ein digitales Dokument – auch wenn es in einer Kollaborationsumgebung bereitgestellt wird – ist nach dieser Definition kein Digitaler Modulkatalog. Der Wert der Daten in der Fachanwendung korreliert sehr stark mit ihrem Strukturiertheitsgrad. Er ist das bestimmende Maß für Auswertbarkeit, Interoperabilität, Eingabesupport und Nachnutzbarkeit.

Features, die Daten strukturiert und semantisch klar spezifiziert erfassen und/oder ausgeben, sind demnach von besonderem Nutzen. So sind im bestehenden Prototypen alle Personen, Module, Studiengänge etc. Objekte, nicht nur Texte. Die Lernziele sind bei der Eingabe nach der Bloom'schen Taxonomie klassifizierbar, was eine Auswertung der Qualität und Passfähigkeit von Lernzielen über ganze Studiengänge erlaubt [MHR+21].

Das hier vorgestellte Feature für die semi-automatische Abfrage und Verknüpfung offener bibliografischer Daten trägt auf dreierlei Weise zur Steigerung des Nutzens der Fachanwendung bei: (i) Modulverantwortliche (Lehrende) werden bei der Eingabe neuer Literaturreferenzen unterstützt – das erleichtert und inzentiviert die Pflege; die Bereitstellung erfolgt standardisiert; (ii) Studierende als Nutzer*innen von Modulbeschreibungen erhalten direkte Zugangslinks zu der empfohlenen Literatur, sofern sie in der örtlichen Bibliothek im Bestand ist; (iii) die Hochschulbibliothek kann durch Auswertung des Digitalen Modulkatalogs ihre Beschaffungspolitik optimal an den Anforderungen der Lehre ausrichten. Es sind also Nutzensteigerungen im Vergleich zu bestehenden Fachanwendungen zu erwarten.

Literaturverzeichnis

[JOF+19]   Jaradeh, M. J. et alii: Open Research Knowledge Graph: Next Generation Infrastructure for Semantic Scholarly Knowledge. In: Proceedings of the 10th International Conference on Knowledge Capture, S. 243-246, https://doi.org/10.1145/3360901.3364435, 2019.

[MeBe18]   Meister, V.; Becker, J.: Konzept und vergleichende Analyse eines Wissensgraph-basierten Modulkatalogs. In: LAiW co-located zur INFORMATIK 2018, S. 14-28, 2018.

[MeHP19]   Meister, V.; Hu, W.; Pottenstein, P.: Wissensgraph-basierter Modulkatalog als Schnittstelle zwischen digitaler Lehre und digitalem Campusmanagement. In: Hochschulen in Zeiten der Digitalisierung. Springer Vieweg. S. 89-105, 2019.

[MHR+21]   Meister, V.; Hu, W.; Revina, A.; Cikus, M.; Müller, J.: Fachanwendung für digitale Modulkataloge – Eine Untersuchung zu Graph-basierter Datenmodellierung und Navigation. In: INFORMATIK 2020, LNI, GI, Bonn, S. 467-481, 2021.

Kontakt

Prof. Dr. Vera G. Meister & Wenxin Hu, M. Sc.
Technische Hochschule Brandenburg
Magdeburger Str. 50, 14770 Brandenburg a. d. H.
T +49 3381 355-297, vera.meister@th-brandenburg.de
T +49 3381 355-826, wenxin.hu@th-brandenburg.de

Axelrod-Turnier in der Wirtschaftsinformatik-Lehre

Michael Höding

Zusammenfassung

Das klassische Computerturnier von Axelrod untersucht die Entwicklung kooperativen Verhaltens von Teilnehmern auf Basis des Gefangenendilemmas. Es stellt aus Sicht der Lehre eine facettenreiche Aufgabenstellung dar, die Programmierung, Literaturarbeit sowie eigene Überlegung verbindet und dabei gute Skalierungsmöglichkeiten bietet. Im Rahmen der Masterausbildung wird es jährlich seit 2015 in der Lehre eingesetzt. Wichtig ist, dass Studierende mit sehr unterschiedlichen Programmierkenntnissen erfolgreich sein können.

1 Motivation

Theorie zu motivieren und erlebbar zu machen, ist ein wichtiges Ziel in der akademischen Lehre. Neben der klassischen theoretischen Informatik, die Themen wie Automatentheorie und formale Sprachen behandelt, umfasst der Theoriebegriff in der Wirtschaftsinformatik ein sehr breites Gebiet. Hier spielen auch Theorien aus sozialwissenschaftlichen Wissenschaftsdisziplinen eine Rolle. Als motivierender Einstieg kann hier das Gebiet der Spieltheorie dienen. Es verbindet eine mathematische Fundierung mit praktischen Überlegungen zu strategischem Verhalten, z. B. in der Wirtschaft. Damit kann ein breiter Teilnehmerkreis, wie er für weiterführende Masterstudiengänge typisch ist, angesprochen werden.
Als Einstieg mit stark mathematischer Fundierung kann die nicht kooperative Spieltheorie genutzt werden [Nas51]. Das bekannte Gefangenendilemma und seine Lösungsstrategien sind in vielen Praxissituationen anwendbar [Rie93][HI06]. Eine experimentelle Umsetzung im Rahmen einer Gruppenarbeit hilft als aktivierende Lernmethode den Teilnehmenden, die Grundbegriffe der Spieltheorie zu verstehen und anzuwenden. Als Vorbild dient hierzu das Axelrod-Turnier [Axe84].
Ein entsprechendes Gruppenprojekt ist seit einigen Jahren Bestandteil der Lehrveranstaltung zu „Theorien der Informatik" im Masterstudiengang Wirtschaftsinformatik, indem Bachelorabsolventen der Studiengänge Wirtschaftsinformatik, BWL und Informatik aktiv sind.

2 Grundlagen

Die Spieltheorie betrachtet die Interaktionen von Spielern in strategischen Situationen. Sie geht auf die Arbeiten von John von Neumann und Oskar Morgenstern zurück [NM44]. Spieler können dabei auch Unternehmen oder Organisationen sein [Kre90]. Das Gefangenendilemma gilt als eines der populärsten Beispiele aus der Spieltheorie [Rie93]. Es ist ein Zweipersonenspiel aus der nicht kooperativen Spieltheorie. Die Grundlagen und die Anwendung im Rahmen von Computerturnieren werden in diesem Abschnitt kurz vorgestellt.

2.1 Gefangenendilemma

Das Gefangenendilemma modelliert das strategische Verhalten zweier Gegenspieler. Im klassischen Gefangenendilemma geht es darum, zwei Verbrecher zu verhören [Tuc50]. Beide haben unabhängig voneinander die Möglichkeit zu *gestehen* oder zu *leugnen*. Die Kombination der Antworten resultiert im Bestrafungsmaß der Spieler. Leugnen beide, bekommen sie eine geringe Strafe. Gestehen beide, erhalten sie eine hohe Strafe. Gesteht der eine, kommt er als Kronzeuge frei, jedoch erhält der leugnende Gegenspieler eine sehr hohe Strafe. Das Gefangenendilemma gehört zum Teilgebiet der nicht kooperativen Spieltheorie. Das bedeutet, eine einklagbare explizite Kooperation außerhalb des Spiels ist nicht möglich.

Rieck schlägt in [Rie93] als alternative Coverstory die Darstellung als Schwarzmarktdilemma vor. Hier treffen Schwarzmarkthändler aufeinander und tauschen Koffer aus, die entweder eine Tauschware enthalten oder aber etwas Wertloses wie Ziegel. Die zugehörige Auszahlungsfunktion ist in Abbildung 1 als Bimatrix dargestellt.

Spieler/in 1 → Spieler/in 2 ↓	Ware	Ziegel
Ware	3 | 3	-1 | 4
Ziegel	4 | -1	0 | 0

Abbildung 1: Auszahlungsfunktion für das Schwarzmarktdilemma

Diese Coverstory wird auch im Rahmen des beschriebenen Projektes genutzt. Die Coverstory „Schwarzmarkt" bietet einige Vorteile. So ist sichtbar, dass die erhaltene Ware mehr wert ist als die eigene, wodurch der Nutzen des Austauschs sichtbar wird. Auch akzeptiert man den anonymen Betrug auf dem Schwarzmarkt eher als Verrat unter Freunden, wie es das Gefangenendilemma beschreibt. Kooperation im Sinne einklagbaren Verhaltens ist nicht möglich, weil es sich ja beim Schwarzmarkt um etwas Verbotenes handelt.

Als Lösungskonzepte bietet die Spieltheorie z. B. Dominanz oder das Nash-Gleichgewicht [Nas51]. Das Nash-Gleichgewicht liegt bei der Strategiekombination [Ziegel-Ziegel]. Es ist ein Gleichgewicht, weil jede individuelle Abweichung von der Strategie Ziegel immer zu einer Verschlechterung des eigenen Ertrags führt. Dies steht offensichtlich im Widerspruch zu der global gesehen optimalen Strategie [Ware-Ware]. Es gilt jedoch, dass der rationale Händler Ziegel spielen muss. Darin besteht auch das Dilemma. Positiv ist, dass sowohl auf dem Schwarzmarkt als auch beim Verhören von Verbrechern Kooperation verhindert werden soll, es also ein Dilemma für Gesetzesbrecher ist.

2.2 Wiederholtes Gefangenendilemma

In nächsten Schritt wird das wiederholte Spiel betrachtet, also der mehrfache Austausch von Koffern. Dabei ist eine Strategiewahl als Reaktion auf das Verhalten des Gegenspielers in der Vorrunde möglich. Hierbei gibt es einen Unterschied, ob man Kenntnis über das letzte Spiel hat oder eine unbekannte (evtl. endlose) Reihe von Spielen stattfindet. Ist das letzte Spiel bekannt, so müssen sich die Teilnehmer wieder wie beim einfachen Spiel verhalten und [Ziegel-Ziegel] spielen. Ist die Zahl der Runden bekannt ergibt sich durch Rückwärtsinduktion, dass von Anfang an [Ziegel-Ziegel] gespielt wird.

Wichtig ist es zu betonen, dass Gewinnen bedeutet, den eigenen Gewinn zu maximieren. Wenn dabei gleichzeitig der Gegenspieler mehr gewinnt, ist das kein Nachteil. Auf ein Spiel mit 100 Runden bezogen, ist die Auszahlung 4:1 schlechter als eine Auszahlung 298:303.

2.3 Axelrod-Turniere

Im Axelrod-Turnier wurde nun untersucht, ob und wie trotz dieser Ausgangssituation (Dilemma) Kooperation zwischen rationalen, nicht kooperativen Gegenspielern entstehen kann. 1980 hat Axelrod hierzu Forscher verschiedener Disziplinen eingeladen, Programme einzureichen, die für eine feste Rundenzahl paarweise gegeneinander antreten [AH80]. Als motivierende Überlegungen werden schon in dieser Veröffentlichung Beispiele aus der Biologie angeführt. Gewinner des ersten Turniers war die einfache Strategie Tit-for-Tat (etwa „wie Du mir – so ich Dir") [Rap98].

Die Ergebnisse waren Basis für ein zweites Turnier und für weitere Forschungen. Als Eigenschaften erfolgreicher Strategien wurden Freundlichkeit, Wehrhaftigkeit, Nachsichtigkeit und Einfachheit festgestellt. Auch das zweite Turnier wurde durch Tit-for-Tat gewonnen.

Die Ergebnisse eines Turniers sind nur bedingt vorhersehbar, da das Teilnehmerfeld sehr verschieden zusammengesetzt sein kann. Eine der Strategien des zweiten Turniers hätte im ersten Turnier besser abgeschnitten als Tit-for-Tat, war aber in der vorgefundenen Population nicht erfolgreich.

Als weiterführende Idee hat Axelrod nach dem zweiten Turnier alle Strategien im Rahmen evolutionsdynamischer Turniere untersucht [Axe84]. Das Turnier wird wiederholt gespielt, wobei jede Strategie mit der gleichen Anzahl an Startexemplaren beginnt. In der nächsten Generation vermehren sich die erfolgreichen Strategien, während weniger erfolgreiche Strategien mit weniger Exemplaren starten. Die Forschungsergebnisse zeigen, dass zunächst die gutwilligen Strategien von aggressiven Strategien verdrängt werden. Die aggressiven Strategien finden in späteren Generationen aber keine ausbeutbaren Gegenspieler mehr und können sich nicht weiterverbreiten. Kooperative Strategien schaffen hingegen gemeinsam einen Mehrwert.

Es sind zahlreiche Strategien in der Literatur beschrieben. Die sehr einfache Strategie Tit-for-Tat, die das Verhalten des Gegenspielers spiegelt, hat beide Turniere gewonnen, kann aber geschlagen werden.

3 Einsatz des Axelrod-Turniers in der Lehre

Das Gefangenendilemma als Einstiegsbeispiel dient der Vermittlung der Grundlagen der Spieltheorie. Zahlreiche Beispiele u. a. von Christian Rieck diskutieren Praxissituationen, in denen rationales und strategisches Verhalten darstellbar ist.

Der folgende Abschnitt beschreibt den Einsatz und die Durchführung von Axelrod-Turnieren in der WI-Lehre und stellt das aktuelle Framework kurz vor. Neben der allgemeinen Beschreibung des Konzeptes werden zur Veranschaulichung auch konkrete Beispiele präsentiert, die z. B. mit 25 die typische Gruppengröße eines Masterjahrgangs ansetzen. Weiterhin besteht jedes Spiel aus definiert 100 Runden.

3.1 Einführung und Gruppenübung

Nach der Einführung der Coverstory und der Auszahlungsmatrix wird ein Spiel in der Vorlesung durchgeführt. In Kleingruppen spielen jeweils 5 Spieler 10 Runden gegeneinander. Nach der Übung können die Gruppen hinsichtlich der Gesamtsumme verglichen werden. Es zeigen sich dabei große Abweichungen. In der Gesprächsrunde kann jeder Mitspieler seine Strategie erläutern. In Abweichung zum Axelrod-Turnier ist festzustellen, dass die Mitspieler ihr Verhalten stetig ändern können. Auch soziale Interaktion und das Nichtverstehen der Aufgabenstellung kann das Ergebnis verfälschen.

Nach der Spielübung werden die Lösungen des Gefangenendilemmas genauer diskutiert. Dabei wird auf das wiederholte Spiel und die Ergebnisse der Axelrod-Turniere eingegangen. Da die Implementierung einer eigenen Strategie ein Teil der Semesterleistung ist, sind die Studierenden motiviert. Es ist in der Regel ein gruppendynamischer Prozess zu beobachten, bei dem die Möglichkeiten erfolgreicher Strategien diskutiert werden.

Neben der Implementierung der Strategie ist auch eine Ausarbeitung anzufertigen, die als wissenschaftliche Arbeit Grundlagen, Literatur und eigenen Ansatz dokumentieren soll.

3.2 Vorüberlegungen für die Implementierung

Für die in der Lehre durchgeführten Turniere werden als Standardstrategien *Immer-Gut* (liefert immer Ware), *Immer-Schlecht* (liefert immer Ziegel) und *Zufall* genutzt. Gerade die erfolgreiche Erkennung der *Immer-Gut*-Strategien zur Ausbeutung ist ein lohnenswerter Ansatz. Problematisch ist die Zufallsstrategie. Sie wird in der Endrunde durch eine feste Zufallsfolge ersetzt.

Für die Bewertung einer eigenen Strategie kann man die folgenden Vorüberlegen treffen. Unmittelbar aus der Bimatrix in Abb. 1 ergeben sich als maximale Punktzahl für 100 Runden 400 und als minimale Punktzahl -100. Dieser Effekt tritt genau dann ein, wenn eine *Immer-Gut*-Strategie gegen eine *Immer-Schlecht*-Strategie spielt. Spielen kooperative Strategien miteinander, liegt der Ertrag beidseitig bei etwa 300. Die Gesamtpunktzahl ergibt sich aus der Anzahl der Mitspieler.

Hat man 25 Mitspieler werden 2*25 Paarungen (Hin- und Rückrunde) gespielt. Bei vollständiger Kooperation ergeben sich pro Spieler 15.000 Punkte. Die gesamte „Ernte" für alle 25 Spieler beträgt dann 375.000 Punkte. Das theoretische Maximum für einen Spieler, der *Immer-Schlecht* ausschließlich gegen *Immer-Gut*-Gegenspieler spielt, liegt bei 19.200. 48 Spiele bringen einen Ertrag von 400. Bei 2 Spielen gegen sich selbst ist der Ertrag 0. Auch in dieser Situation erzielen die *Immer-Gut*-Spieler noch 14.400 Punkte. Das Gesamtergebnis liegt bei 364.800. Die Vorbetrachtungen liefern zunächst Vergleichszahlen zur Bewertung der eigenen Strategie.

3.3 Framework und Implementierung

Seit 2018 wird ein einfaches PHP-basiertes Framework genutzt, das als ZIP-Datei verteilt wird. Das in [RH16] vorgestellte Java-Framework war für nicht einschlägig erfahrene Studierende schwer handhabbar und verlangte umfangreiche Installationsarbeiten.

Jeder Studierende hat die Möglichkeit, einen PHP-Stack auf dem eigenen Rechner zu installieren, hier die eigene Strategie zu entwickeln und zu evaluieren. Alternativ steht ein Serverzugang zur Verfügung. Als Entwicklungswerkzeuge reichen Editor und Webbrowser aus.

Das Framework enthält die folgenden Bestandteile:
- Minimale Beschreibung/Anleitung als README-Datei
- index.php zur Steuerung und Auflistung der Strategie
- turnier.php zur Durchführung des Turniers und Auswertung
- Basisdateien zur Darstellung
- Mehrere Beispielstrategien

Eine Strategie kann durch Vererbung aus der Klasse `Strategie` abgeleitet werden. Das Beispiel in Listing 1 zeigt die Strategie `Drittelwert`, die entsprechend Ware liefert, wenn der Gegenspieler wenigstens in einem Drittel der Spiele Ware geliefert hat. Diese Strategie wird während der Vorstellung des Frameworks implementiert und ihr Erfolg getestet. Sie illustriert die notwendigen Implementierungsschritte und zeigt auch die Nutzung von Statistikmöglichkeiten.

```php
<?php
//Klassenname muss Dateinamen entsprechen
class Drittelwert extends Strategie {
  //Hier eigene Strategie benennen und eigenen Namen eintragen
  public $name='xxxxMittelwert';
  public $autor='Michael';
  //Dies ist ein Beispiel für eine lokale Datenstruktur, das die Züge des
  //Gegenspieles speichert um darauf Auswertungen vorzunehmen
  private $hist=array();
  //Diese Funktion kann Startwerte setzen
  function start(){
    $this->hist=array();
  }
  //Hier wird der eigene Zug berechnet
  //Diese Strategie mittelt
  function meinZug() {
    $antwort='W';
    $gutZ=0;
    $anz=sizeof($this->hist);
    foreach ($this->hist as $z)
      if ($z=='W') $gutZ++;
    if ($gutZ*3<$anz) $antwort='Z';
    return $antwort;
  }
  //abspeichern des Zuges des Gegenspielers möglich
  function ihrZug($zug) {
    $this->hist[]=$zug;
  }
}
?>
```

Listing 1: Beispiel-Strategie zur Einführung des Frameworks

Die Abgabe der Strategie erfolgt über Moodle. Zur Integration überführt der Lehrende die PHP-Dateien in das Turnierverzeichnis. Dabei erfolgt auch eine Durchsicht des Quelltextes verbunden mit einer kurzen Klassifikation. In seltenen Fällen sind noch Korrekturen am Quelltext notwendig.

3.4   Besondere Herausforderungen für Studierende

Für BWL-Bachelor kann die Aufgabe die erste Begegnung mit dem Programmieren sein. Dank der Einfachheit der Sprache PHP und der Beispiele sowie der Kooperation mit einschlägig erfahrenen Studierenden kann die Hürde genommen werden.

Explizit wird bei der Aufgabenstellung darauf hingewiesen, dass innovative und fundierte Lösungen eine besondere Leistung darstellen – auch dann, wenn sich der Erfolg nicht in einem Spitzenplatz niederschlägt.

Insbesondere die Erkennung und Ausnutzung von zu gutwilligen Strategien ist vielversprechend, aber aufwendig. Hier ist eine Abwägung der Kosten für die Erkennung und des Nutzens notwendig. Die Erkennung einer gutwilligen Strategie kann nur durch das gezielte Testen durch Ziegellieferungen erfolgen. Reagiert der Gegenspieler nicht durch die Lieferung von Ziegeln, so kann eine Ausbeutung erfolgen. Erfolgt allerdings eine Reaktion, so verliert man mindestens eine Kooperationsrunde. Hier ist die Frage, ob diese Verluste in der Summe aller Paarungen nicht den Gewinn durch Ausbeutung übertreffen.

Bei der Entwicklung ist der Studierende jedoch nicht in der Lage, seine Ansätze gesichert zu überprüfen, denn er kennt das Gesamtteilnehmerfeld nicht. Auch wenn Kommilitonen vor der Abgabe Strategien austauschen, ist es möglich, dass als finale Strategie andere Lösungen abgegeben werden.

Als einfache erweiterte Lösung bietet sich Tit-for-Tat mit Endbetrug an. Hier variiert die Zahl der Endbetrugsrunden.

4 Durchführung und Diskussion der Ergebnisse

Die Durchführung des Turniers findet in der letzten Lehrveranstaltung statt und ist ein guter Schlussakkord des Semesters. Dabei kann nochmals reflektiert werden, worin Erfolg besteht und warum bestimmte Strategien erfolgreich waren.

Der technische Ablauf des Turniers ist unkompliziert. In drei geschachtelten Schleifen werden jeweils die meinZug()-Methoden der beiden Strategien abgefragt, der Ertrag mit der Bimatrix berechnet und anschließend das Ergebnis mit ihrZug() propagiert. Da die Strategien kein Gedächtnis über die 100 Runden einer Begegnung hinaus haben, ist die Reihenfolge unkritisch.

4.1 Protokoll eines Turniers

Ergebnis des Turniers ist ein Protokoll, das als HTML-Dokument dargestellt wird. Es besteht aus drei Teilen. Im ersten Teil werden alle direkten Paarungen dokumentiert. Hier sind teilweise auch Debug-Ausgaben und Fehlermeldungen der einzelnen Strategie zu sehen. Abbildung 2 zeigt einen Ausschnitt aus der Protokolldatei, die einige Spieleergebnisse auflistet.

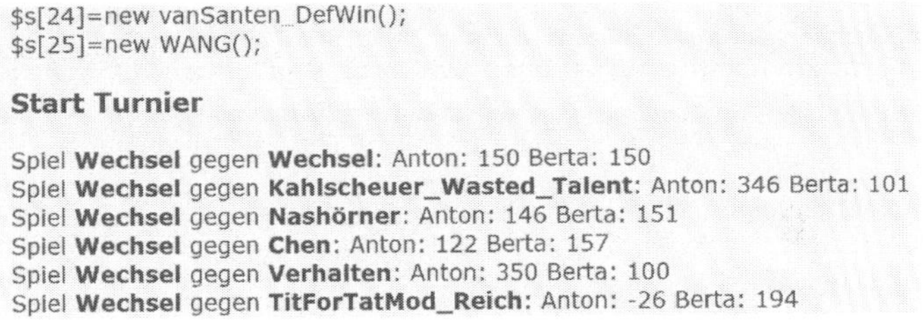

```
$s[24]=new vanSanten_DefWin();
$s[25]=new WANG();
```

Start Turnier

Spiel **Wechsel** gegen **Wechsel**: Anton: 150 Berta: 150
Spiel **Wechsel** gegen **Kahlscheuer_Wasted_Talent**: Anton: 346 Berta: 101
Spiel **Wechsel** gegen **Nashörner**: Anton: 146 Berta: 151
Spiel **Wechsel** gegen **Chen**: Anton: 122 Berta: 157
Spiel **Wechsel** gegen **Verhalten**: Anton: 350 Berta: 100
Spiel **Wechsel** gegen **TitForTatMod_Reich**: Anton: -26 Berta: 194

Abbildung 2: Ausschnitt aus Teil 1 des Spielprotokolls

Im zweiten Teil werden die Paarungen als Matrix dargestellt (vgl. Abb. 3). Die farbliche Hervorhebung illustriert die Höhe der Auszahlung. Sehr hohe Gewinne sind dunkelrot. Rosa kann als Kennzeichen für erfolgreiche, weitgehende Kooperation gesehen werden.

Gegen die *Immer-Schlecht-Strategie* in der Mittelspalte erzielt sichtbar kein Teilnehmer eine positive Auszahlung. Betrachtet man die Zeile der *Immer-Schlecht-Strategie* sieht man, dass die weiß gekennzeichneten geringen Gewinne dominieren. In der Gesamtliste befindet sich *Immer-Schlecht* im letzten Drittel (vgl. Abb. 4). Das Ergebnis beträgt deutlich weniger als die Hälfte der erfolgreichen Strategien.

Hingegen kommt die ebenfalls sehr einfache Strategie Immer-Gut auf etwa 80 Prozent der Auszahlung der besten Strategien. Übertragen auf die Praxis bedeutet das, dass ein überaus gutwilliger, nicht nachtragender Mitspieler in einer kooperativen Umgebung gut leben kann.

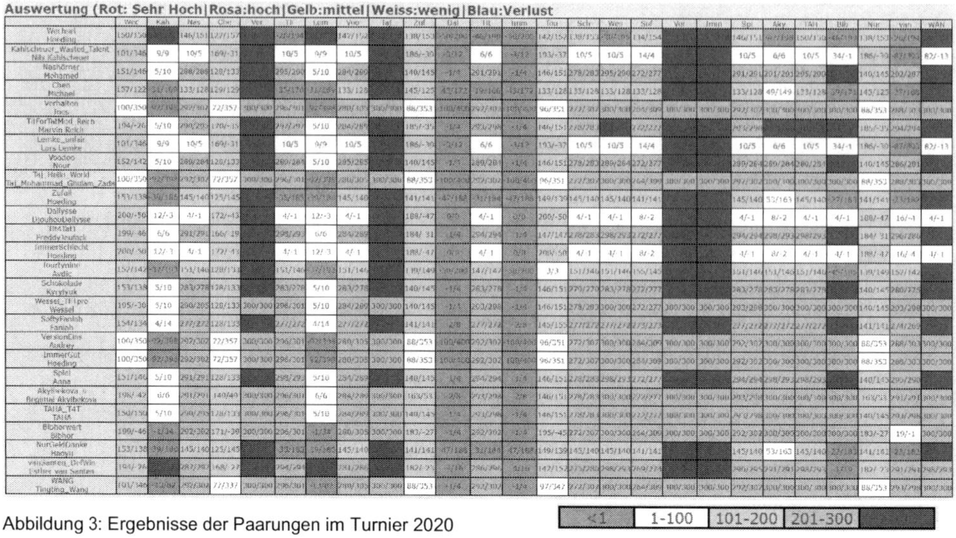

Abbildung 3: Ergebnisse der Paarungen im Turnier 2020

Diese Gedanken laden auch zu weiterführenden Diskussionen bzgl. politischer und gesellschaftlicher Themen ein. Dieses Weiterdenken stellt eine willkommene Bereicherung des Studiums dar.

Im dritten Teil des Protokolls erfolgt die Ausgabe als Bestenliste (Abb. 4). Auffällig ist, dass zwei Drittel der Strategien ähnliche Punktzahlen über 10.000 erreichen.

Die Endreihenfolge zeigt nur geringe Abweichungen. In der Regel werden Variationen von Tit-for-Tat gespielt. Geringe Abweichungen ergeben sich durch Variationen des Endbetrugs. Gewinnerstrategien treiben in der Regel einen beträchtlichen Aufwand um besondere Gegenspieler zu erkennen und so einen kleinen Punktvorsprung herauszuarbeiten. Allerdings besteht hier auch die Gefahr von Programmier- und Logikfehlern. Hier hilft die in der Ausarbeitung dokumentierte Denkleistung bei der Würdigung.

Die beim der 2021er-Runde erfolgreiche Strategie hat einen außergewöhnlichen Vorsprung von über 800 Punkten. Hier wurden mit zwei Kommilitonen (den beiden Letztplatzierten) erfolgreich Master-Slave-Strategien eingereicht [Ste06].

Endstand

12630	vanSanten_DefWin.php
11806	Tit4TatJ.php
11796	TitForTatMod_Reich.php
11650	Akylbekova_s.php
11512	Wessel_TFTpro.php
11450	Spiel.php
11422	TAHA_T4T.php
11394	Nashörner.php
11376	Voodoo.php
11304	Schokolade.php
11268	Bibhorwert.php
11214	SoftyFaniah.php
10808	WANG.php
10072	ImmerGut.php
10072	VersionEins.php
10072	Verhalten.php
10072	Taj_Hello_World.php
7510	fourtynine.php
7336	Wechsel.php
6500	Zufall.php
6500	NurGeldDanke.php
6372	Chen.php
5288	ImmerSchlecht.php
5288	Dallysse.php
5128	Kahlscheuer_Wasted_Talent.php
5128	Lemke_unfair.php

Abb 4: Bestenliste mit Punkten

4.2 Globale Betrachtungen

Globale Betrachtungen ermöglichen eine Art „gesamtwirtschaftliche" Perspektive und erlauben auch das Erkennen von Strategie-Clustern. In der 2021er-Runde wurden 244.968 Punkte erwirtschaftet. Diese Zahl kann man ins Verhältnis zur theoretisch erreichbaren Zahl setzen, wie sie beispielhaft in den Vorüberlegungen berechnet wurde.

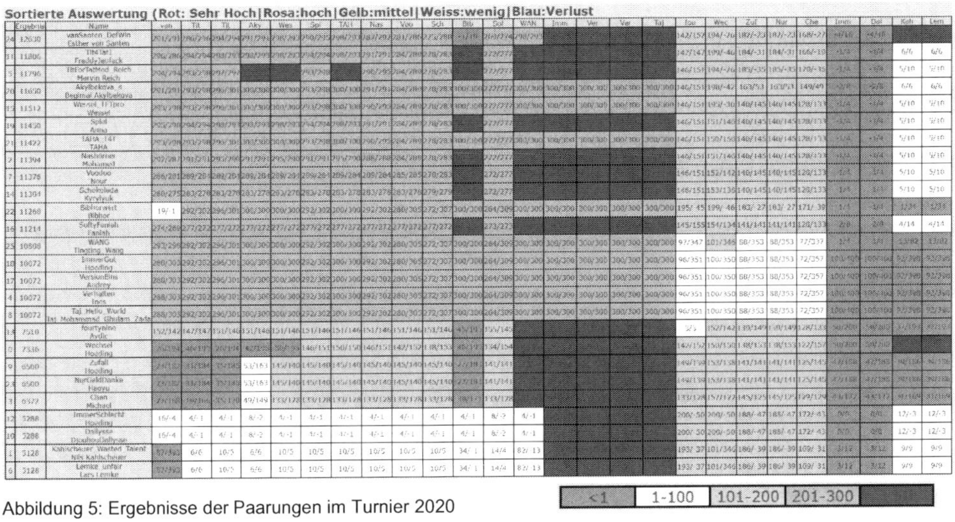

Abbildung 5: Ergebnisse der Paarungen im Turnier 2020

Eine sortierte Darstellung der Paarungsmatrix (vgl. Abb. 5) hilft, Strategien zu gruppieren und Jahrgänge zu vergleichen (Abb. 6) Die Sortierung erfolgt dabei sowohl in Spalten auch in Zeilen. Die farbliche Hervorhebung bezieht sich dabei immer auf die Zeile.

Im linken oberen Teil sind die kooperativen Strategien zu erkennen, die durch Rosa gekennzeichnet den Kooperationsgewinn nahe 300 erzielen.

In der Mitte des oberen Drittels ist zudem zu erkennen, dass der Unterschied durch Gewinne gegen das Mittelfeld erreicht wird. Dies sind meist gutwillige Strategien, die auf Betrug nicht oder zu wenig reagieren.

Die unteren Zeilen zeigen die Ergebnisse der nicht kooperativen Strategien. Das Weiß illustriert: Hier wird zwar gegen die kooperativen Strategien nicht verloren, aber auch keine hohe Auszahlung erreicht. Die blaue Spalte bei *Immer-Schlecht* zeigt auch, dass die Strategie alle anderen geschädigt hat. Weiterhin ist zu erkennen, dass die Strategie *Dal* dasselbe Verhalten wie *Immer-Schlecht* zeigt. Dies ist ein Programmierfehler, der zur stetigen Lieferung von Ziegeln führte.

Betrachtet man die letzten beiden Zeilen, sieht man, dass die beiden Strategien gegen die Gewinnerstrategie Verluste machen. Gegen die folgenden kooperativen Strategien sind sie aggressiv und verhindern Kooperation. Der Master wird begünstigt. Die Konkurrenten werden geschädigt. Die nichtreaktive, gutwillige, aber sehr kleine Mittelgruppe wird ausgebeutet. Die gelben Spalten repräsentieren eine Gruppe Teilnehmer, die nicht reaktive Strategien wie Wechsel oder Zufall spielen.

Stellt man die Gewinne-Verluste-Unterschiede direkt dar, ergibt sich ein symmetrisches Bild, das typische Paarungen kenntlich macht (Abb. 6). Hier wird nochmals deutlich sichtbar, dass die *Immer-Schlecht-Strategie* zwar einige große Gewinne macht, aber in den meisten Fällen nur sehr geringe. Die Gesamtpunktzahl der einfachen Tit-for-Tat-Strategie *Nashörner* ist etwa doppelt so hoch.

	Ergebnis	Name	van	Tit	Tit	Aky	Wes	Spi	TAH	Nas	Voo	Sch	Bib	Sof	WAN	Imm	Ver	Ver	Taj	fou	Wec	Zuf	Nur	Che	Imm	Dal	Kah	Lem
24	12630	vanSanten_DelWin Esther van Santen	0	-10	0	0	5	-5	5	-5	-5	-20	-5	5	15	15	15	15	-10			-20	-20				
11	11806	Tit4TatJ Freddy Jeufack	10	0	5	5	5	5	0	-5	-5	10	-5	10	10	10	10	10	0			-5	-5	0	0		
5	11796	TitForTatMod_Reich Marvin Reich	0	-5	0	5	5	-5	-5	-5	-5	5	-5	5	5	5	5	5	-5			-5	-5	-5	-5	-5	
20	11650	Akylbekova_s Begimal Akylbekova	0	-5	-5	0	0	-5	0	0	-5	-5	0	-5	0	0	0	0	-5			100	-10	-10	0	0	
15	11512	Wessel_TFTpro Wessel	-5	-5	-5	0	0	-5	0	-5	-5	-5	0	-5	0	0	0	0	-5		-5	-5	-5	-5	-5	-5	-5
19	11450	Spiel Anna	5	0	5	5	5	0	5	0	-5	10	-5	10	10	10	10	10	-5	5	-5	-5	-5	-5	-5	-5	-5
21	11422	TAHA_T4T TAHA	-5	-5	-5	0	0	5	0	-5	-5	5	-5	0	0	0	0	0	-5	0	-5	-5	-5	-5	-5	-5	5
2	11394	Nashörner Mohamed	5	0	5	0	5	0	5	0	-5	10	-5	10	10	10	10	10	-5	5	-5	-5	-5	-5	-5	-5	-5
7	11376	Voodoo Nour	5	5	5	5	5	5	5	0	-5	25	-5	25	25	25	25	25	-5	10	-5	-5	-5	-5	-5	-5	-5
14	11304	Schokolade Kyrylyuk	5	5	5	5	5	5	5	5	0	35	-5	35	35	35	35	35	-5	15	-5	-5	-5	-5	-5	-5	-5
22	11268	Bibhorwert Bibhor	20	-10	-5	0	0	-10	0	-10	-25	-35	0	-45	0	0	0	0				-5	-5	-35	-35		
16	11214	SoftyFaniah Faniah	5	5	5	5	5	5	5	5	5	45	0	45	45	45	45	45	-10	20	0	0	-5	-10	-10	-10	-10
25	10808	WANG Tingting_Wang	-5	-10	-5	0	-10	0	-10	-25	-35	0	-45	0	0	0	0	0	-250	-245	-265	-265	-260	-5	-5	-95	-95
18	10072	ImmerGut Hoeding	-15	-10	-5	0	-10	0	-10	-25	-35	0	-45	0	0	0	0	0	-255	-250	-265	-265	-285	-500	-500	-490	-490
17	10072	VersionEins Audrey	-15	-10	-5	0	-10	0	-10	-25	-35	0	-45	0	0	0	0	0	-255	-250	-265	-265	-285	-500	-500	-490	-490
4	10072	Verhalten Ines	-15	-10	-5	0	-10	0	-10	-25	-35	0	-45	0	0	0	0	0	-255	-250	-265	-265	-285	-500	-500	-490	-490
8	10072	Taj_Hello_World Taj_Mohammad_Ghulam_Zada	-15	-10	-5	0	-10	0	-10	-25	-35	0	-45	0	0	0	0	0	-255	-250	-265	-265	-285	-500	-500	-490	-490
13	7510	fourtynine Avdic	10	0	5	5	5	5	5	5	5	240	10						0	10	-10	-10	-5	-250	-250	-230	-230
0	7336	Wechsel Hoeding	-220	-245	-220	-240	-225	-5	0	-5	-10	-15	-245	-20					-10	0	-15	-15	-35	-250	-250		
9	6500	Zufall Hoeding	-205	-215	-220	-110	5	5	5	5	5	-210	0						10	15	0	0	-20	-235	-235	-225	-225
23	6500	NurGeldDanke Haoyu	-205	-215	-220	-110	5	5	5	5	5	-210	0						10	15	0	0	-20	-235	-235	-225	-225
3	6372	Chen Michael	195	-185	-205	-100	5	5	5	5	5	-210	5						5	35	20	20	0	-215	-215	-200	-200
12	5288	ImmerSchlecht Hoeding	20	5	5	10	5	5	5	5	5	5	10	5							0	0			15	15
10	5288	Dailysse DjouhouDailysse	20	5	5	10	5	5	5	5	5	5	10	5							0	0			15	15
1	5128	Kahlscheuer_Wasted_Talent Nils Kahlscheuer	-480	0	5	0	5	5	5	5	5	35	10	95					-245				-15	-15	0	0	
6	5128	Lemke_unfair Lars Lemke	-480	0	5	0	5	5	5	5	5	35	10	95					-245				-15	-15	0	0	

Abbildung 6: Ergebnis von Paarungen

Der Vergleich der Jahre 2019 bis 2021 zeigt ähnliche Strategiepopulationen. Eine große Tit-for-Tat-Gruppe ist erfolgreich. Die nicht kooperativen Strategien erzielen einen geringen Gewinn, sorgen aber bei allen Mitspielern für kleine Verluste.

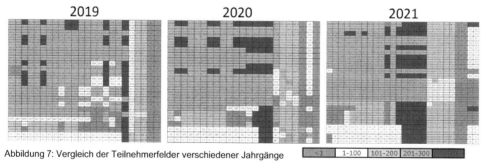

Abbildung 7: Vergleich der Teilnehmerfelder verschiedener Jahrgänge   <1 | 1-100 | 101-200 | 201-300

4.3 Besonderheiten und Erfahrungen

Lehre ist vielfältig und einzigartig. Wenn man Studierenden Freiheiten lässt, muss man als Lehrender mit Überraschungen rechnen. Im Rahmen eines Axelrod-Turniers sind diese zu erwarten und beabsichtigt. Einige Punkte sollen hier genannt werden, auch wenn sie nur episodische Evidenz haben.

- Das Missverstehen des Begriffs „Gewinnen" führte mehrfach zur Wahl einer aggressiven Strategie. Dies wird bei der gemeinsamen Auswertung des Finalturniers sichtbar. Die ungeschlagenen Strategien wie *Immer-Schlecht* schneiden sehr schlecht ab.
- Versuche, Kooperation in der Gruppe zu realisieren, gestalteten sich schwierig. Während der Diskussionen vor der Abgabe wurde darauf hingewiesen, dass kein Verlass auf Kooperationszusagen von Kommilitonen ist. Wenn Kooperation außerhalb des Spiels zugesagt ist, ist es rational, sinnvoll zu betrügen. Hierzu gab es stetige Diskussionen in und neben der Lehrveranstaltung, z. B. auch als Mensa-Thema.
- In der letzten Runde (Matrikel 2020) gab es einen gelungenen Kooperationsversuch. Drei Studierende haben Strategien eingereicht, die sich über ein Musterverhalten erkannt haben. Zwei Strategien haben nach der Erkennung auf „immer Ware" geschaltet, die dritte Strategie auf „immer Ziegel". Die dritte Strategie hat sich auf diese Weise den Gesamtsieg gesichert. Die beiden Opfer stehen am Ende der Liste. Eine Vermutung ist, dass durch die Coronasituation die Kooperation durch zu umfangreiche Diskussionen nicht wieder zerstört wurde.
- Das PHP-Framework läuft stabil und ausreichend schnell. Die niedrige Einstiegsschwelle können auch Studierende ohne Programmierkenntnisse mit geringer Hilfestellung überwinden. Selten werden Lösungen eingereicht, die Programmfehler enthalten, meist bei der Benennung der Strategie. Mitunter kommt es zu Programmierfehlern, die eine falsche Umsetzung des eigenen Ansatzes darstellen. So gab es 2021 eine Strategie mit statistischen Auswertungen, die durch einen fehlerhaften Vergleichsoperator „immer Ziegel" geliefert hat. Sehr selten gibt es Fehler, die eine Integration behindern.

5 Fazit und Ausblick

Die Nutzung des Axelrod-Turniers zu Beginn des Masterstudiums hat sich bewährt. Die gebietsübergreifende Aufgabenstellung fördert Kommunikation unter den Erstsemestern, das eigene Mitdenken, die Nutzung von Literatur und den Einstieg in die Programmierung. Eine studentische Evaluation durch eine semesterübergreifende Umfrage ergab das folgende Bild.

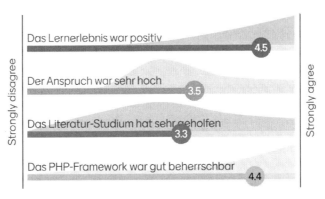

Abbildung 8: Mentimeter-Umfrage bei verschiedenen Jahrgängen im WI-Master

Die Aufgabenstellung hat sich als angemessen anspruchsvoll dargestellt und zu einem positiven Lernerlebnis geführt. Die technische Basis des bereitgestellten PHP-Frameworks war

gut beherrschbar. Die Aussage zum Literaturstudium spiegelt die Ergebnisse der Ausarbeitungen wieder. Hier gibt es die folgenden Cluster:
- Aufarbeitung der Grundlagen zum Gefangenendilemma, eigene Strategie
- Studium der Grundlagen und Literatur zu erfolgreichen Strategien, begründete Wahl und Implementierung von Tit-for-Tat mit begründeten Variationen
- Studium der Grundlagen und Literatur zu erfolgreichen Strategie, Wahl einer anspruchsvollen Strategie, oft ergänzt um Tit-for-Tat für Standardsituationen

Literaturstudium erweist sich dabei auf zwei verschiedenen Weisen als nützlich. Es führt zu einer einfachen und verlässlich erfolgreichen Lösung. Es dient als Inspiration für eine eigene erfolgreiche Strategie.

Die Diskussion von Ergebnissen regt Studierende dazu an, die eigentlich in der Spieltheorie betrachtete soziale Interaktion für vielfältige Fragestellungen zu diskutieren. Dies ist ein zusätzlicher positiver Effekt zur Erreichung fachübergreifender Bildungsziele.

Literaturverzeichnis

[AH80] Axelrod, Robert, Hamilton, William D.: The Evolution of Cooperation. In. Science 1980.

[Axe84] Axelrod, Robert: The Evolution of Cooperation. Basic Books, New York 1984.

[HI06] Holler, Manfred J., Iller, Gerhard: Einführung in die Spieltheorie, Springer Verlag, 2006.

[Kre90] Kreps, David M.: Game Theory and Economic Modelling, Oxford University Press, 1990.

[Nas50] Nash, John F. : Non-Cooperative Games, In: Annals of Mathematics, 54, S.286-295, 1950.

[NM44] von Neumann, John, Morgenstern, Oskar: Theory of Games and Economic Behavior, Princeton: Princeton University Press, 1944.

[Rie93] Rieck, Christian: Spieltheorie: Eine Einführung, Christian Rieck Verlag, 1993.

[Rap98] Rapopor, Anatol: Decision Theory and Decision Behaviour, Maxmillan Press, London 1998.

[RH16] Raddatz, Manuel; Höding Michael: Gefangenendilemma in der WI-Lehre: Planung, Framework, Durchführung und Auswertung. In: Meister, V. (Hrsg.): Prozesse, Technologie, Anwendungen, Systeme und Management 2016 Angewandte Forschung in der Wirtschaftsinformatik : Tagungsband zur 29. AKWI-Jahrestagung, Brandenburg 2016.

[Ste06] Steeg, Simon: Rauschen und Master-Slave-Strategien im Gefangenendilemma. In: Algorithm Engineering Report TR06-2-ISSN 1864-4503

[Tuc50] Tucker, A. W.: A two-person dilemma (unpublished notes). In: Rasmusem E. B., ed. in Readings in Games and Information (1989), 7-8. Blackwell Publishers: Oxford, 1989.

Kontakt

Prof. Dr.-Ing. Michael Höding
TH Brandenburg
Magdeburger Straße 50, 14770 Brandenburg
hoeding@th-brandenburg.de

Study for Fun – Spielend durchs Studium

Kevin Anderer, Adrian Bossert, Sebastian Fieser, Felix Goos, Andreas Heberle, Rainer Neumann, Athanasia Skaroglu-Chasioti, Jan Stoess, André Weis

Abstract / Kurzzusammenfassung

Scheitern Studierende im Studium, dann haben sie üblicherweise viel Zeit und Energie erfolglos investiert. Jedoch ist dies auch ein Verlust für die Fakultät, die an der Abschlussquote gemessen wird. Mangelnde Motivation zusammen mit Überforderung bei den vielfältigen Aufgaben, die selbständig erfolgreich bearbeitet werden müssen, sind häufig Gründe für den Studienabbruch.
In diesem Beitrag stellen wir das MVP (Minimal Viable Product) einer Webanwendung vor, die Studierende mit Gamification-Ansätzen bei dem Verlauf ihres Studiums unterstützen und gleichzeitig motivieren kann. Der Prototyp dieser Anwendung wurde von einem studentischen Team ausgehend von einer Befragung anderer Studierender und auf Basis ihrer persönlichen Erfahrungen im Studium konzipiert und realisiert.

1 Einleitung

Studierende sehen sich zu Beginn ihres Studiums mit vielen Aufgaben konfrontiert, die ein hohes Maß an Selbstständigkeit, Organisation und Motivation erfordern. Bei vielen führt dies zu Stress und Überforderung und nicht zuletzt auch bei einigen zum Abbruch des Studiums. Dies stellt nicht nur für die jungen Menschen ein Problem dar, sondern auch für Fakultäten, die unter anderem an der Abbrecherquote gemessen werden, aber insbesondere auch für die Gesellschaft, da so für die Arbeitswelt weitere hoch qualifizierte Arbeitskräfte fehlen.

Während im privaten Bereich und auch im Marketing Gamification-Ansätze schon längst genutzt werden, beispielsweise in Form von Fitness-Apps, Lernspielen und ähnlichem, kommen diese im Hochschulkontext gerade im Bereich Selbstorganisation und Motivation kaum zum Einsatz.

In diesem Beitrag wollen wir der Forschungsfrage nachgehen, wie Motivation und Engagement von Studierenden durch eine praktisch umgesetzte spielerische Anwendung gefördert werden können. Unsere Methodik ist konstruktiv: Durch Anforderungserhebung unter Studierenden, eine prototypische Entwicklung und anschließende erste Untersuchung sollen konkrete Erkenntnisse bezüglich Umsetzbarkeit und praktischer Eignung für Studierende erhoben werden.

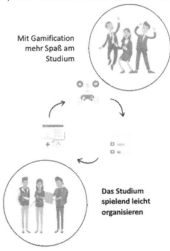

Abb. 1 - Grundidee der Anwendung

Die vorliegende Arbeit präsentiert dabei den ersten Schritt, bestehend aus einer frühen prototypischen Implementierung und einer initialen Erprobung in einer geschlossenen Nutzergruppe, mit welchem wir unsere Idee auf prinzipielle Umsetzbarkeit untersuchen möchten. Eine umfängliche empirische Evaluation anhand einer weitgehend nutzbaren Anwendung im Rahmen eines Studiensemesters ist geplant.

Konkret versucht unser Ansatz "Spielend das Studium meistern", die Motivation und Leichtigkeit von Spielen mit der Ernsthaftigkeit des Lernens und Organisierens zu kombinieren. Dabei zielt die Anwendung nicht darauf ab, neue didaktische Konzepte zu integrieren, sondern darauf, Problemen wie dem Nichtbesuchen von Veranstaltungen, dem Vor-sich-Herschieben von Aufgaben oder dem Ausblenden anstehender Aufgaben zu begegnen und so zentrale Ursachen für Stress, Demotivation und in Folge Scheitern zu bekämpfen.

Das Konzept und der Prototyp zielen darauf ab, Studierende in ihrem Alltag bei der Planung und Bearbeitung Ihrer Aufgaben durch spielerische Elemente wie Feedback und Belohnungen zu unterstützen und zu motivieren. Das Spiel ist als Bosskampf mit unterschiedlichen Leveln und Gegnern ausgelegt und trägt damit dem unterschiedlichen Niveau im Studium, Erstsemestern und erfahreneren Studierenden Rechnung. Der Prototyp ist eine mobile Webanwendung und kann daher auf unterschiedlichsten Geräten immer und überall genutzt werden.

Der Einsatz des Prototyps ist ganz im Sinne einer nutzerzentrierten Vorgehensweise zunächst für die ersten Semester des Studiums Wirtschaftsinformatik an der Hochschule Karlsruhe geplant, um damit Erkenntnisse über die Nutzbarkeit und das Nutzungsverhalten zu gewinnen, bevor eine weitere Ausweitung und Verallgemeinerung erfolgen soll.

2   Grundlagen und Stand der Forschung und Technik

Durch große Verbreitung digitaler Technologien in den letzten 50 Jahren hat die Gamification – also die Übertragung (computer-)spieltypischer Elemente in andere Umfelder – drastisch an Bedeutung gewonnen; so wird bereits vom spielerischen Jahrhundert gesprochen [Zimmermann2015]. Damit einher ging eine verstärkte und vermehrte Auseinandersetzung mit der Frage, wie (digitale) Spiele und spielerische Elemente in der Lehre, zum Wissenserwerb und zu Bildungszwecken eingesetzt werden können. Serious Games ermöglichen es, Wissensbereiche spielerisch zu vertiefen oder komplexe Abläufe zu simulieren und Entertainment Games gestatten es, monotone Lern- und Trainingsschritte spannender zu gestalten [Strahirnger2017]. Auch die Motivation der Lernenden und die Konzentration auf die Lernerfolge lässt sich nach [Siemon2016] so erhöhen.

Es existieren bereits zahlreiche Ansätze zur Nutzung spielerischer Elemente und zu spielbasiertem Lernen in Forschung und Praxis [Subhash2018]; auch deren Nutzen ist bereits ausführlich untersucht worden [Bai2020]. Viele dieser Ansätze konzentrieren sich auf die Vermittlung von Lerninhalten mit Web- und mobilen Technologien [Hanrathss2016, Pechenka2017, Göretz2018].

Ein Ansatz zur Verhaltensänderung, wie er auch unserem Ansatz entspricht, findet sich bei der kommerziell verfügbaren Anwendung Habitica. Diese zielt darauf ab, Verhaltensänderungen (Habits) spielerisch zu fördern [Habitica]. Ursprünglich für den Alltagsgebrauch entwickelt, wurde Habitica auch schon auf Tauglichkeit im Lehrumfeld untersucht [Kaufmann2018, Barik2016]. Unser Ansatz greift diese Ideen auf und erweitert sie gezielt im Umfeld der Lehre: So folgen Spieldesigns und -umsetzungen der Idee „Von Studierenden für Studierende", Spieleelemente wurden speziell für die Studierendenschaft entworfen und der geschlossene Nutzerkreis erlaubt direkte und freiere soziale Interaktion als in einem anonymen Kundenkreis.

3 Entwurf des Spiels

Das im Folgenden beschriebene Spielkonzept wurde auf Basis einer Befragung von circa 140 Studierenden erstellt. In der Befragung standen sowohl das Studierverhalten als auch die Motivation von Studierenden im Fokus. Der Befragung zufolge gehen die meisten Studierenden zu den Vorlesungen (95 Studierende) und den Übungen (83 Studierende), besuchen aber in deutlich geringerem Maße die Tutorien (37 Studierende). Mit einer Frage nach den Gründen, warum es nicht leichtfällt, sich für den Besuch einer Veranstaltung zu motivieren, erhofften wir uns Aufschluss darüber, ob ein Spielkonzept und eine Anwendung hilfreich sein könnten. Hierbei erhielten wir häufig Antworten wie „keine Lust", „keine Konzentration" und „anstrengend". Die Frage, ob generell und auch außerhalb des Studiums Anwendungen mit einem Belohnungssystem (etwa *Snapchat*, *Jodel*, *7Mind* oder *Stackoverflow*) im Einsatz seien, ergab, dass solche Anwendungen tatsächlich häufig von den Studierenden genutzt werden. Nicht überraschend gaben dann auch 81 % der Befragten an, dass sie sich vorstellen könnten, eine Anwendung mit einem Belohnungssystem für das Studium zu verwenden.

Die Ergebnisse der Umfrage deuten darauf hin, dass unter den Studierenden ein großes Interesse an spielerischen Ansätzen zur Verhaltenssteuerung und Selbstoptimierung besteht. Studierende würden es begrüßen, dazu motiviert zu werden, stetig an ihrem Studium zu arbeiten. Auch wünschen sie sich mehr Arbeitsstruktur und Erinnerungshilfen für Aufgaben, die im Studium anfallen.

Die Erkenntnisse aus der Umfrage wurden im Design der Anwendung berücksichtigt. Die Studierenden werden über ein ausgearbeitetes Gamification-Konzept extrinsisch motiviert, das Portal kontinuierlich zu verwenden. Um den Studierenden den Einstieg ins Studium so einfach wie möglich zu gestalten, geben wir so viel Struktur wie möglich vor. Daher haben wir für jede Vorlesung Vorlagen für sogenannte Todos ausgearbeitet, die die Studierenden der Zeit nach abarbeiten können. Über die Todos gibt es dann die Möglichkeit, die Studierenden per Nachricht daran zu erinnern, dass diese erledigt werden müssen.

Das Spielekonzept setzt dabei auf ein kontinuierliches direktes Feedback in Form von Erfahrungspunkten als Belohnungen. Diese Punkte können z. B. durch das Erledigen von Aufgaben, durch den Besuch von Veranstaltungen oder durch die Unterstützung von Kommiliton*innen erzielt werden. Auf diese Art wird ein Belohnungs- und Anreizsystem geschaffen, in welchem sich die Spieler*innen weiterentwickeln können. Dadurch wird auf spielerische Art beispielsweise die Relevanz von Tutorien und Übungen verdeutlicht und stetige Beschäftigung mit den Studieninhalten gefördert. Studierenden wird zusätzlich ein Rahmen geboten, in dem sie ihren Studienalltag strukturieren und planen können (z. B. durch To-do-Listen). Besonders Studienanfänger*innen kann so strukturiertes Arbeiten nahegebracht werden.

All diese Elemente wurden im Prototyp in eine mobile Webanwendung integriert, sodass jederzeit und überall an dem „Spielgeschehen Studium" teilgenommen werden kann. Sich spielerisch zu organisieren, kommunizieren zu lernen und dadurch zu wachsen, kann damit zu einem festen und allgegenwärtigen Bestandteil des Studienalltags werden.

3.1 Spieler und Gegenspieler

Studierende besitzen in der Spielewelt jeweils einen Spielcharakter, welcher indirekt durch das Absolvieren von Aufgaben und Tätigkeiten für das Studium gesteuert wird. Dabei wurde versucht, die verschiedenen Spielertypen nach Bartle [Bartle1996] zu berücksichtigen, auch wenn sich diese Taxonomie nicht vollständig auf das Studierverhalten übertragen lässt.

Durch das Erledigen gestellter Aufgaben, beispielsweise im Rahmen einer Veranstaltung oder eines Moduls, durch soziale Interaktion, etwa der Unterstützung von Kommiliton*innen, oder einfach durch den aufmerksamen Besuch einer Vorlesung, einer Übung oder eines Tutoriums erlangen die Spieler*innen Erfahrungspunkte, die sie stärker und damit die Gegner schwächer werden lassen.

Bosse sind die zentralen Gegenspieler; sie stehen stellvertretend für typisches „Fehlverhalten" (z. B. Prokrastination) und werden durch Handlungen im realen Studium geschwächt. Der derzeitige Hauptkontrahent des Spiels ist der *Prokrastinator*, er wird durch aktive Teilnahme am Studienbetrieb bekämpft. Weitere in Planung befindliche Boss-Typen sind der *Dekanator*, der durch Selbstorganisation und Eigeninitiative bekämpft werden soll, sowie der *Exmatrikulator*, der durch erneutes, aber erfolgreiches Wiederholen von Studienleistungen geschwächt wird.

Jeder Boss besitzt eine bestimmte Anzahl an Lebens- und Merkmalspunkten, welche sich wiederum in Stärke, Intelligenz und Ausdauer weiter unterteilen lassen. Diese Punkte repräsentieren implizit die Schwierigkeit des jeweiligen Bosses. Niedrige Werte bedeuten, dass es zwar leichter sein wird gegen diesen Boss zu gewinnen, jedoch sind die Belohnungen entsprechend geringer.

Bosse haben bestimmte Schwellenwerte an Attributen, die Student*innen benötigen, um gegen sie anzutreten. Mehr Erfahrungspunkte ermöglichen, Kämpfe gegen stärkere Bosse zu führen und sich dadurch persönlich weiterzuentwickeln.

3.2 Gewinnen von Erfahrungspunkten

Erfahrungspunkte können wie oben beschrieben durch das Erledigen verschiedener Herausforderungen gewonnen werden. Dies sind:

- *Besuch von Veranstaltungen* – Die aktive Teilnahme an Veranstaltungen wie Vorlesungen, Übungen oder Tutorien bringt Studierenden Erfahrungspunkte. Die Teilnahme an sich lässt sich beispielsweise durch Bots in Online-, oder durch das Scannen von QR-Codes in Präsenzveranstaltungen prüfen. Die Frage, ob die Teilnahme aktiv war oder nicht, ließe sich ggf. durch aktive Vergabe von Punkten durch Dozent*innen oder Tutor*innen abbilden.
- *Studienaktivitäten* – Aufgaben, die im Kontext einer Veranstaltung oder sonstiger studentischer Aktivitäten anfallen, sollten eingeplant und strukturiert erledigt werden. Dazu bietet die Anwendung die Möglichkeit, die Aufgaben in einem einfachen Kanban-Board zu erfassen und zu erledigen. Die Aufgaben können manuell erfasst oder ggf. aus anderen Systemen wie Ilias importiert werden. Das Erledigen von Aufgaben (ggf. auch der strukturierte Umgang damit) liefern den Spieler*innen Erfahrungspunkte.
- *Community-Aktivitäten* – Da sich das Spiel vor allem an Studierende in den ersten Semestern richtet, liegt ein Augenmerk auf der Integration sozialer Interaktion. Dies umfasst

Handlungen wie Hilfestellungen oder Weiterempfehlungen. Je mehr Studierende andere unterstützen, umso höher wird ihr Status innerhalb der Spielewelt.

3.3 Der Bosskampf um das Studium

Der Kampf gegen Bosse erfolgt nicht als explizites Spielelement etwa in einer Arena, sondern implizit durch die Erfahrungspunkte, die Spieler*innen während des Semesters erarbeiten. Der Schaden, der einem Boss zugefügt wird, errechnet sich entsprechend aus den Erfahrungspunkten. Besiegt ist ein Boss, wenn sich seine Lebenspunkte auf null verringert haben. Die Spieler*in, die den Boss besiegt, erhält eine Siegprämie im Spiel und ggf. auch in der realen Welt des Studiums.

4 Prototypische Implementierung

Wie bereits zuvor beschrieben, soll sich die Anwendung möglichst einfach in jedem zeitlichen und räumlichen Kontext nutzen lassen. Für den Prototyp wurde die Realisierung daher als Responsive-Webapp nach dem Mobile-First-Ansatz entwickelt. Die grundlegende Gestaltung orientiert sich am Material Design von Google [Material Design].

4.1 Technologie und Architektur

Unsere Webapp setzt auf dem MEAN-Stack auf (MongoDB, Express.js, Angular, Node.js), wobei die einzelnen Komponenten in TypeScript implementiert wurden und in Docker-Containern ausgeführt werden.

Das Backend nutzt das BCE-Pattern als Architekturmuster und ist somit übersichtlich und einfach erweiterbar. Durch die Nutzung von MongoDB kann auf objektrelationales Mapping verzichtet und gleichzeitig die Skalierung der Anwendung sichergestellt werden. Im Frontend wird das für Angular typische MVVM-Architekturpattern umgesetzt, mit dem eine *Single Page Application* ausgeliefert wird. Durch die komponentenorientierte Entwicklung wird hierbei ein hoher Grad an Flexibilität erreicht.

4.2 Gestaltung der Spielelemente

Eine wichtige Anforderung beim Spieledesign ist die attraktive Gestaltung der spielerischen Elemente über das normale Anwendungsdesign hinaus.

Dies wurde schon bei der Realisierung des eigenen Profils berücksichtigt, in dem Studierende neben ihren Daten auch ihren Avatar und vor allem die bisher erreichten Erfahrungspunkte in den verschiedenen Disziplinen einsehen können. Eine erste Version dieser Ansicht ist in Abbildung 2 dargestellt. Das Design erstreckt sich über alle Funktionsbereiche der Anwendung. Abbildung 3 zeigt exemplarisch eine Sicht auf das interaktive Kanban-Board der Anwendung mit den anstehenden, den aktiven und den abgeschlossenen Aufgaben eines Spielers. Das Board lässt sich dabei intuitiv per Gesten bzw. per Drag & Drop bedienen.

Abb. 2 - Profil eines Spielers

Abb. 3 - Sicht auf den Bearbeitungsstand eines Studierenden

Damit neuen Spieler*innen der Einstieg in die Aufgabenplanung erleichtert wird, gibt es vordefinierte Templates für Aufgaben zu bestimmten Themen oder Fächern.
Um das Spiel attraktiver und humorvoller zu gestalten, wurden für die Bosse spezielle Spielfiguren entworfen, die je nach Stärke unterschiedliches Aussehen aufweisen. Abbildung 4 zeigt den Gegner „Prokrastinator" in verschiedenen „Lebensphasen".

Abb. 4 - Prokrastinator mit abnehmenden Lebenspunkten

5 Zusammenfassung und Ausblick

In diesem Beitrag haben wir ein Konzept vorgestellt, wie Studierende insbesondere beim Einstieg ins Studium, aber auch in schwierigeren Phasen, spielerisch motiviert und an strukturierte Arbeitsweisen herangeführt werden können. Ziel des Konzepts ist es, negative Effekte wie Stress, Frustration oder sogar den Studienabbruch, der durch nachlässiges oder fehlerhaftes Studierverhalten entstehen kann, zu verringern.
Das Spielkonzept besteht aus unterschiedlichen, am Studium orientierten Spielelementen und wurde prototypisch in Form einer mobilen Webanwendung umgesetzt. Die Implementierung erlaubt derzeit noch nicht den Echtbetrieb. Dennoch wurde die bestehende Anwendung bereits mit Studierenden, also den potenziellen Nutzern, besichtigt und Feedback eingearbeitet, wie das unter anderem in Design-Thinking-Prozessen als essenziell angesehen wird. Die bisherigen Rückmeldungen bestätigen uns, die Entwicklung, ggf. als studentisches Projekt, weiterzuführen.
Wir gehen davon aus, dass wir eine erste echte Studie mit der Anwendung ab dem kommenden Wintersemester durchführen und damit auch systematisch Rückmeldungen und Erkenntnisse erhalten können. Dazu wurden bereits mehr als 300 Aufgaben bzw. Lernfragen im Stil kurzer User Stories für ein Modul des ersten Semesters erstellt und integriert. Diese Fragen decken den gesamten Prüfungsstoff des Moduls ab und bieten so eine verlässliche Lernquelle in dem spielerischen Rahmen und damit hoffentlich einen guten Anreiz, an der Erprobung der App teilzunehmen.

Eine spannende Frage der Zukunft wird sein, wie sich die im Spiel gewonnenen Erfahrungs- und Leistungspunkte auf die reale Welt übertragen lassen – sei es im Stil von kleinen materiellen Belohnungen, oder vielleicht im Stil virtueller oder realer „Heldentafeln" der Absolvent*innen.

Literatur

[Bai2020]	Bai, S., Hew, K.F., Hunang, B. E.. Does gamification improve student learning outcome? Evidence from a meta-analysis and synthesis of qualitative data in educational contexts. In: Educational Research Review, 30, 2020.
[Barik2016]	Barik, T., Murphy-Hill, E., Zimmermann, T.: A Perspective on Blending Programming Environments and Games: Beyond Points Badges and Leaderboards. In: Visual Languages and Human-Centric Computing, 2016.
[Bartle1996]	Bartle, Richard. (1996). Hearts, clubs, diamonds, spades: Players who suit MUDs.
[Deterding2015]	Deterding, S.; The Ambiguity of Games: Histories and Discourses of a Gameful World. In: Walz, S.P. The Gameful World: Approaches, Issues, Applications, MIT Press, Cambridge, MA, 2015
[Göretz2018]	Göretz, J., Meschede, C. W. Daniel, Knautz, K.. Enhancing e-learning experiences in higher education: Implementation of QR Codes in a gamified environment. In: Inernational Symposium on the Future of Education in Information Science, 2018 Pisa, Italy.
[Habitica]	Habitica. https://habitica.com
[Kaufmann2018]	D. A. Kaufmann, "Reflection: Benefits of Gamification in Online Higher Education", Journal of Instructional Research, vol. 7, pp. 125-132, 2018.
[Material Design]	Material Design. https://material.io
[Pechenka2017]	Pechenka, E., Laurence, D., Oates, G., Eldridge, D., Hunter, D. Using a gamified mobile app to increase student engagement, retention and academic achievement. In: International Journal of Educational Technology in Higher Education, 14(31), 2017, 1–12.
[Siemon2016]	Siemon D., Eckardt L., Gamification of Teaching in Higher Education. In: Stieglitz S., Lattemann C., Robra-Bissantz S., Zarnekow R., Brockmann T. (eds) Gamification. Progress in IS. Springer, Cham. 2017
[Strahirnger2017]	Strahringer, S., Leyh, C. Gamification und serious games: Grundlagen, Vorgehen und Anwendungen, Springer Vieweg, Wiesbaden, 2017
[Subhash2018]	Subhash, S., Cudney, E..Gamified learning in higher education: A systematic review of the literature. In: Computers in Human Behavior, 87, 2018, 192-206.]
[Usman2017]	Usman, N., Islam, S., Sharif, M.S., Sudakov, S. Azam, A.: Taskification: gamification of tasks. In: Proceedings of The 2017 ACM International Joint Conference on Pervasive and Ubiquitous Computing Maui Hawaii 2017.
[Walz2015]	Walz, S.P.: The Gameful World: Approaches, Issues, Applications, MIT Press, Cambridge, MA, 2015

[Zimmermann2015] Zimmermann, E.; Manifesto for a Ludic Century. In: Walz, S.P. The Gameful World: Approaches, Issues, Applications, MIT Press, Cambridge, MA, 2015

Kontakt

Prof. Dr. Andreas Heberle
Hochschule Karlsruhe – Technik und Wirtschaft
Moltkestraße 30, 76133 Karlsruhe
Andreas.Heberle@hs-karlsruhe.de

Autoren

Prof. Dr. Thomas Barton
Hochschule Worms
Erenburgerstraße 19, 67549 Worms
T +49 (0)6241.509-253, barton@hs-worms.de

Stefan Haag
Hochschule Worms
Erenburgerstraße 19, 67549 Worms
T +49 6241 509-424, haag@hs-worms.de

Prof. Dr. Andreas Heberle
Hochschule Karlsruhe – Technik und Wirtschaft
Moltkestraße 30, 76133 Karlsruhe
Andreas.Heberle@hs-karlsruhe.de

Prof. Dr.-Ing. Michael Höding
TH Brandenburg
Magdeburger Straße 50, 14770 Brandenburg
hoeding@th-brandenburg.de

Wenxin Hu, M. Sc.
Technische Hochschule Brandenburg
Magdeburger Str. 50, 14770 Brandenburg
T +49 3381 355-826
wenxin.hu@th-brandenburg.de

Sebastian Lang
SAP SE
Dietmar-Hopp-Allee 16, 69190 Walldorf
sebastian.lang@sap.com

Prof. Dr. Verena Majuntke
Hochschule für Technik und Wirtschaft
Treskowallee 8, 10318 Berlin
Verena.Majuntke@HTW-Berlin.de

Prof. Dr. Birte Malzahn
Hochschule für Technik und Wirtschaft
Treskowallee 8, 10318 Berlin
Birte.Malzahn@htw-berlin.de

Prof. Dr. Vera G. Meister
Technische Hochschule Brandenburg
Magdeburger Str. 50, 14770 Brandenburg
T +49 3381 355-297
vera.meister@th-brandenburg.de

Prof. Dr. Frank Morelli
HS Pforzheim
Tiefenbronnerstr. 65, 75175 Pforzheim
T +49 7231 28-6697
frank.morelli@hs-pforzheim.de

Andreas Peuker
Hochschule Worms
Erenburgerstraße 19, 67549 Worms
T +49 (0)6241.509-195, peuker@hs-worms.de

Prof. Dr. Jörg Puchan
Hochschule München
Lothstraße 64, 80335 München
T +49 89 1265-3937, joerg.puchan@hm.edu

Prof. Dr. Carlo Simon
Hochschule Worms
Erenburgerstraße 19, 67549 Worms
T +49 6241 509-369, simon@hs-worms.de

Steffen Spliethoff
adesso SE (vormals Hochschule München)
Streitfeldstraße 25, 81673 München
T +49 152 38856210
steffen.spliethoff@adesso.de

Robin Streckies
Hochschule für Technik und Wirtschaft
Treskowallee 8, 10318 Berlin
robin.streckies@Student.HTW-Berlin.de

Prof. Dr. Peter Weiß
HS Pforzheim
Tiefenbronnerstr. 65, 75175 Pforzheim
T +49 7231 28-6691
peter.wess@hs-pforzheim.de

Matthias Wiench
SAP SE
Dietmar-Hopp-Allee 16, 69190 Walldorf
matthias.wiench@sap.com

Lara Zakfeld
Hochschule Worms
Erenburgerstraße 19, 67549 Worms
T +49 6241 509-422, zakfeld@hs-worms.de

Dr. Martin Zsohar
VPV Versicherungen
Mittlerer Pfad 19, 70499 Stuttgart
T +49 711 1391-2105, martin.zsohar@vpv.de